名誉顾问：于 漪

顾　问：王 平　周亚明　李永智　杨宗凯　周维莉

学术委员会

主　任：俞立中

副 主 任：叶霖霖

执行主任：王 洋

国内委员：（以姓氏笔画为序）

丁 钢　于希嘉　王 红　卞松泉　石伟平

叶 澜　江 波　吴 刚　汪 超　张民选

陆 昉　陈立群　陈永明　陈向明　林崇德

周美琴　周增为　赵中建　顾志跃　顾泠沅

徐 红　郭宗莉　韩 震　程介明　缪宏才

国际委员：

安德烈亚斯·施莱歇尔（Andreas Schleicher）

林晓东（Xiaodong Lin Siegler）

严正（Cheng Davis）

严文蕃（Wenfan Yan）

葛文林（A.Lin Goodwin）

编委会

主　编：吴国平

执行主编：刘 芳

编　委：（以姓氏笔画为序）

卞松泉　田凌晖　宁彦锋　江 波　吴 刚　张民选

陈 霞　周 勇　赵书雷　顾志跃　徐 虹

执行编辑：黄得昊

上海教师

于漪

U0849449

教育家精神在上海 特辑

上海教育出版社

卷首语

教育家精神的时代价值

俞立中*

出于对当下教育的关注，社会公众对学校教师的德才标准议论纷纷。近来，讨论教育家精神的话题越来越多。显然，社会发展需要更多富有教育家精神的优秀教师。无疑，教育家精神的本质是不变的：教育是培养人的事业，教师要有强烈的社会责任感，对国家、对学生富有爱心，并不断求知、探索、创新。然而，随着科技的发展、社会的进步，不同时代对教师职业的挑战不尽相同，因此教育家精神的内涵一定是和这个时代的特征连接在一起，与时俱进方能显现出教育家精神的时代价值。

当今时代，正在从工业化向信息化转型，信息科技和人工智能迅猛发展，知识更新的速度不断加快，教育事业和教师职业面临的挑战是前所未有的。教师需要对时代特征有高度的敏感性，只有对社会发展、对教育事业有强烈的责任感，对学生有深厚的感情，才会努力看清当下，想到未来，了解学生，摸索人的成长规律，真正做到教书育人。而做一名富有时代精神的教师，一定是这个时代真正需要的教师，也是这个时代最好的教师。

富有教育家精神的优秀教师会根据时代的发展，不断更新自己的教学理念。不是简单地把自己学生时代的教育观和价值观强加给今天的学生，而必须以今天

---

* 俞立中，上海纽约大学荣誉校长，《上海教师》学术委员会主任。

学生的实际情况作为教育教学的起点，使教学更富有时代精神。在人工智能火爆的今天，大家对未来学校教育产生了很多遐想。然而，教育是人和人之间的沟通过程，理解不同年龄段孩子的心理变化，需要情感的投入；学生的成长，要有集体氛围和相互激励。因此，未来的学校教育依然十分必要，只是目标和功能发生了变化。学习的组织形式要发生变化，强调个性化的主动学习，强调合作学习；教师的人格魅力、学校集体氛围和相互激励会影响学生的终身发展；教师的引导作用是实现学校教育与其他教育形式相辅相成的动力；帮助学生学会学习、学会选择、学会思辨是学校教育的重要目标。因此，优秀的教师要及时更新教学理念，提升教育素养。

在这个日新月异的信息化时代，教师要走进真实的学生群体、读懂学生，不是一件容易的事。不同年代的学生相差甚大，不仅学习和生活环境有了很大的差异，价值观念也都发生了变化，这就要求教师要能够辨别哪些差异与变化是时代进步的产物，哪些差异与变化是需要予以疏导与引领的。

富有教育家精神的优秀教师会不断优化教学方式，持续陶熔人格素养。教育是人影响人的事业，教师是以心换心的职业，为国家、为民族的教育事业奉献自己的智慧、才能和青春是教师的责任。在教育教学中，教师是知识的传授者、创新的启发者，因此要不断优化教学方式，引导学生追求卓越。教师也是学生成长的生活导师，教师的人格魅力无时无刻不影响着学生，而这个过程是潜移默化的。教师对学生的真爱，既是激励学生成长、学习的催化剂，更是一颗种子，把爱心播撒、扎根在每个学生的心中，从而推延到对他人、对社会、对国家的爱。当教师表现出对自己教学工作的高度责任心时，学生有可能在言传身教中形成对学习的责任心，并形成对他人、对社会、对国家的责任态度。因此，让自己的生活充满时代气息，是教师的亲和力之所在。只有充满爱心的人，才会懂得教师存在的价值，乐于做教师并享受教师生活的乐趣。同样，这也是当今教育教学工作对教师提出的要求。

富有教育家精神的教师会不断学习新的知识，提升自己的学术素养。知识经济时代，知识更新的速度在不断加快，教师不仅要掌握广博的文理基础知识和扎实的学科专业知识，还要掌握系统的教育专业知识。研究学科知识，为学问而学；研究知识关系，为教育而学。每一代人对学科的感知都在发生巨大的变化。如果教师没有不断更新学科知识的愿望和能力，就难免会使自己与学生的学科立场不一致，这会极大地阻碍教与学的有效沟通。当教师把知识和能力的更新作为专业发展的自觉追求时，学科知识就能升华为学术素养，而学术素养便会随着教师专业的发展提升。

教育，不仅要言教，还要身教；不仅要立业，还要立人。要促使学生学会求知、学会做事、学会生存和学会共处，那就必然要求教师能够在学术素养、教育素养和人格素养上与时俱进，从而给予学生更为全面的渗透与影响。

习近平总书记说："百年大计，教育为本。教师是立教之本、兴教之源，承担着让每个孩子健康成长、办好人民满意教育的重任。"教育家精神正在鼓励着每一位教育工作者，努力成为一名富有时代精神、有责任感、充满爱心的人民教师，踏踏实实为强国建设、民族复兴伟业作出自己的贡献。

（责任编辑：茶文琼）

目 录
MULU

- 卷首语

    教育家精神的时代价值　俞立中

- 引领

    弘扬教育家精神，建设高素质专业化创新型教师队伍　周亚明　/ 7

- 特稿

    弘扬教育家精神，做于漪式好老师　王荣华　/ 9

- 理想

    学习领悟，努力践行　于　漪　/ 12
    论于漪教育教学思想的基本架构　兰保民　/ 21
    心之所向，行之所往　吴蓉瑾　/ 34
    办好学校是校长的天职　卞松泉　/ 38
    从于漪老师身上看教育家精神　程红兵　/ 45
    于漪教育教学思想转化应用的杨浦路径　周　梅　/ 51
    教育家精神赋能基础教育青年教师培训课程的区域探索　许　坚 / 60
    传承于漪精神，践行德智融合　张田岚　/ 65
    师者于漪的人民立场　王　友　/ 70

◉ 追寻

仁爱之心是教育家精神的核心和本质　顾泠沅　/ 76
以中国特有的教育家精神引领教师队伍建设　朱旭东　国建文　/ 79
新时代教师的"三重修炼"与使命担当　陈明青　/ 84
做折翼天使的筑梦者　周美琴　/ 90
坚守"根"的事业　郭宗莉　/ 96
护长容短：读懂每一个鲜活的生命　徐　红　/ 101
教育家精神：教师发展的"保鲜"与"增值"之道　冯志刚　/ 106
支持每一位学生全面而富有个性的学习与发展　董君武　/ 112
守正创新，养育好每一个幼童　凤　炜　/ 116
技道合一：涵育未来教师的教育家精神　王　健　/ 121
以教育家精神引领教师精神成长　王洪明　/ 128
教育家精神引领下心理教师专业发展的区域实践　吴俊琳　/ 135
让青春在讲台上闪光　吴　照　季金杰　/ 140

◉ 创生

新时代高素质专业化创新型教师队伍建设的黄浦实践　郭金华　/ 145
以教育家精神焕发教师专业生命力　邱中宁　/ 150
以教育家精神为引领，创新教育研究和实践　何美龙　/ 156
以教育家精神引领区域教师队伍建设　陈小华　/ 160
用父母心办教育　李百艳　/ 165

弘扬教育家精神，建设高素质专业化创新型教师队伍

周亚明[*]

近年来，习近平总书记和党中央始终高度重视加强教师队伍建设，习近平总书记多次强调"强国必先强教，强教必先强师"的核心理念，对教师队伍建设的要求不断深化，从"四有"好老师到"四个引路人"，从做学生为学、为事、为人的大先生到"经师"和"人师"的统一者，再到2023年9月提出的"大力弘扬教育家精神"，深刻阐明了教师对于学生成长、教育发展和民族未来的重要影响，深化了我们对教师队伍成长发展规律的认识，把新时代对教师队伍的要求提到了新的高度，为广大教师担当好培养社会主义建设者和接班人、建设教育强国的重要使命指明了方向。

大力弘扬教育家精神，发挥榜样示范引领作用，教育引导全体教育工作者自觉做中国特色社会主义的坚定信仰者和忠实实践者，直接关系到人才培养的成色、底色，直接关系到教育强国建设的成效、实效，直接关系到一个地区、一个国家教育发展的质量和水平。

上海基础教育事业发展之所以能在原有基础上不断取得新进步、不断迈上新台阶、不断引领改革风气，根本在于建设了一支高素质、专业化、创新型教师队伍，根本在于涌现了一批勤勉敬业、奉献教育、躬身垂范的教师榜样。他们热爱教育、关爱学生，立志为教育事业奉献自己全部精力、心血和智慧，并且始终保持着对教育工作的赤诚之心、求索之意。

在这些教师榜样中，于漪老师最具代表性和时代性。多年来，她以高尚的师德、精湛的教艺、深厚的学养赢得了广大师生的尊敬，她提出的"一辈子做教师，一辈子学做教师"的理念，成为无数教育工作者的座右铭。每一位教师都应深研细究教育家精神的内涵实质，学习于漪老师等教育家为学、为师、为人的精神与品格，自觉把师德师风作为第一标准，把教书育人作为神圣职责，把提高本领作为必修功课。

---

[*] 周亚明，上海市教卫工作党委副书记，上海市教育委员会主任。

一是强化担当作为的教育使命感。教师从事的是为国家发展、民族复兴培养建设者和接班人的伟大事业，肩负的是为学生终身发展和人生幸福奠基的光荣使命。正如于漪老师所说："教育，一个肩膀挑着学生的现在，一个肩膀挑着国家的未来。"每一位教师都要怀着这样的使命感，用自己的智慧力量和教育实践作出独特贡献。这一使命感的强化，不仅关乎教师个人的职业发展，更关系到国家教育的未来、民族的复兴和社会的进步，是教师在新时代背景下必须践行的核心要求。

二是强化教书育人的责任感。教师面对的是活生生的、成长中的学生，要秉持以人育人的信念，做到教书育人、启智润心。正如于漪老师所说："教师天大的事，就是一个心眼为学生。"求真、向善、寻美，是中华传统文化的优秀基因，也是人类文明传承的精神血脉。教师要着力引领学生塑造真善美的灵魂，涵养民族文化的精髓、形成开放包容的胸襟、点燃创新创造的火种，培养德智体美劳全面发展的社会主义建设者和接班人。这一责任感的强化，是每位教师不可推卸的职责与使命，是每位教师应当追求的职业境界。它根植于教师对教育事业的深刻理解和热爱，体现在日常工作的点点滴滴中，是塑造学生品格、启迪学生智慧、引领学生成长的关键所在。

三是强化实践创新的成就感。教育实践的创新，不仅意味着教学方法和手段的革新，更在于通过创造性的教育实践，培养学生的创新思维和实践能力。教师要做到"顶天立地"，将党的教育方针和育人蓝图创造性落实到生动的育人实践中，直面现实问题，用心用情、用智用力探索解决教育问题的方法和路径，探索适合学生的教育模式，为学生提供更加丰富、有趣和有效的学习体验，为自身职业发展注入强大动力，同时也为教学改革的深化贡献智慧与力量。这一成就感的强化，是提升教学效能、激发学生潜能和促进教育进步的重要路径。

伟大时代呼唤伟大精神，崇高事业需要榜样引领。教师作为教育事业的中坚力量，应深入感悟、认真践行教育家精神，坚持理论与实践相结合，在新时代的征程上不断创造教书育人的新业绩，通过自身的努力和奋斗，为加快教育现代化、建设教育强国、办好人民满意的教育提供强有力的支撑。

（责任编辑：茶文琼）

特 稿

弘扬教育家精神，做于漪式好老师

王荣华[*]

2023年9月，在第39个教师节到来之际，习近平总书记致信全国优秀教师代表，明确提出并深刻阐释了中国特有的教育家精神，号召全国广大教师"以教育家为榜样，大力弘扬教育家精神"。教育的生命力在于教师的成长和发展，教师真正的成长和发展在于教师内心的深度觉醒。弘扬新时代教育家精神，就是要提升广大教育工作者的成长自觉，用自己精神的成长创造使命的精彩，追求事业的卓越，铸就生命的辉煌。

学习、宣传、弘扬教育家精神，上海具有独特的资源和优势。人民教育家于漪就出在上海，我们身边有这样一位可感、可知、可亲、可学的教育家，更能近距离感受教育家精神，感受榜样和楷模的力量。我也感到非常幸运，能够与于漪老师相识30多年，深深地感佩于她的人格魅力和教育情怀。我想结合于漪老师的成长经历与教育理想，回答下面三个问题：(1)于漪为什么能够成为人民教育家？(2)今天我们又该如何弘扬教育家精神？(3)展望未来，在人工智能时代，我们的教育何为？

"用生命来歌唱"，心中有"大我"

于漪老师是"从草根教师到人民教育家"，用她自己的话来说，"我是个实实在在的草根教师，一辈子刻苦自励，把心扑在教育上，扑在学生身上，是由于人民养育了我，党长期教育我"。"三尺讲台一生情"，她70余年从未离开过讲台，耕耘在教育一线。她是在讲台上成长起来的教育家，并在实践中形成于漪教育教学思想，体现中国基础教育风格气派，实属罕见。

于漪老师具有胸怀天下的教育使命感，从不把教育看作一种职业，而是值得终身为之奋斗和奉献的崇高事业。她曾说，"教育，一个肩膀挑着学生的现在，一个肩膀挑着国家的未来""我的学生不一定是最优秀的，但他们都是家庭的宝贝、国家的宝贝，我当教师，要把他们

---

[*] 王荣华，国家教材委员会专家委员会委员，上海市教育发展基金会理事长。

当宝贝一样来教育。不求他们能显赫，但一定要成为社会的好公民，服务国家，服务人民"。

于漪老师不断反思，在教育实践和教育思想上都潜心探索、永不停步。于漪学的是教育学，分配到学校担任历史老师，又因工作需要转教语文，并成为语文教育大家，再获颁"人民教育家"。她在这个过程中付出了极为艰辛的努力，从身体到精神都经历了一次次蜕变。自20世纪60年代至2017年，她先后发表了500多篇论文，近些年还不断在媒体和权威期刊上发表关于教育的论述；出版了700多万字的《于漪全集》和多部专著。于漪老师在教育理念和实践探索中创造了无数个第一，在教育领域具有深远、广泛而又持久的影响，被称为"于漪现象"。她始终怀有一个梦想，就是构建中国基础教育学和中国基础教育教师学。大家看到电视里、照片里，于老师都是神采奕奕，讲话中气很足。她的"青春密码"在哪儿？就是她心中有"大我"。正如于漪老师所说："一个人的精神上有青春密码，就永远有用不完的劲。"这就是她克服体质羸弱的长寿秘诀，也是她教育青春常在的动力源泉。

"教育家精神是要笃行的"

我们现在的教育工作者要如何学习教育家精神，以之来引领自己的专业成长和人格发展？最近听于漪老师谈到教育家精神，她说："教育家精神是中国特有的，是师道文化这个历史悠久文化的厚重，和我们时代创新活力特征的结合。""你要有怎样的道德情操，你要有怎样的躬耕态度，你要怎样爱学生？这是一系列的。因此，教育家精神是所有教师所有教育工作者追求的高标。如果我们的教师，我们的教育工作者都以这个为高标准来塑造自己的灵魂，这就是教育家精神。"

于漪老师70多年的教育事业诠释了教育家精神，彰显了人民性、实践性和时代性。人民性，就是始终坚持教育为了人民。于漪老师说过，教师若只教书，说到底只是教书匠；在教书的同时育人，才有可能成为塑造学生灵魂的工程师。实践性，就是始终坚持常教常新。于漪老师已经95岁高龄，但仍然把教育视为自己的使命，把学生视为自己的生命，把创新视为自己的天职。在她看来，做教师首先要"智如泉涌"，这是她的职业追求，也是人生的真实写照。时代性，就是始终坚持与时代同向同行。为时代发声是于漪作为教育家的一个显著特点，她说过，"教在今天，想在明天""时代是思想之母，只有倾听时代召唤，把握时代在各个领域呼声的脉搏，才能涌现疏解困难、引领前行的真知灼见"。

我们的教育工作者学习践行教育家精神，做于漪式好老师，就要深刻认识于漪教育教学思想，从于漪老师身上汲取丰厚的精神养料和强大的前行动力，要"坚持教育家精神的弘扬践行,贯穿教师课堂教学、科学研究、社会实践等各环节,筑牢教育家精神践行主阵地"。

"经师"与"人师"的统一

随着新一轮科技革命和产业革命向纵深发展,教育与技术的融合将越来越深入。教育作为科技创新变革和人类社会发展的重要基础,始终占据着国际竞争的关键领域。人工智能在教育领域的应用是一把双刃剑,为教育带来了前所未有的机遇和挑战。

我认为,我们要处理好"道"和"术"的关系:人工智能是"术"的层面,是工具、助手,而非人的替代者;而教育的本质是"道",学生心灵的塑造、人格的培养,是人工智能绝对不能替代的。从古至今,我们对教师的期待是一致的,那就是"经师"与"人师"的统一。教师既要具备深厚学识、教育智慧和创新精神,精通专业知识做好"经师",也要具备崇高信念、高尚师德和大爱精神,涵养德行成为"人师",做"经师"和"人师"的统一者。于漪老师就是典型代表。人工智能可以辅助教学,但无法取代教师在教育过程中的核心作用。它或许可以成为"经师"的助手,却绝难成为"人师"的灵魂。于漪老师说:要培养有中国心的现代文明人。这一点在现在尤为重要,教育不仅是传道、授业、解惑,更是"人之完成",是心与心的交流碰撞,是塑造灵魂的大业,没有信仰的教育只能是技术的叠加,道术并进才能健康发展。

在人工智能呼啸而来的时代,我们要学习于漪老师的精神,在"乱花渐欲迷人眼"的时刻,保持教育者的定力,要加强学习,拥抱新技术,使其成为教育的助力。不管未来科技如何赋能、改变教育,教育最深层次的内核永远不会变,那就是爱。爱是教育的基石,是教育的原点。

做于漪式好老师

中国教育必须要有中国心、中国情、中国味。培养时代新人,必然需要弘扬新时代教育家精神。要在百年变局下弘扬教育家精神,在百年追梦中弘扬教育家精神,在知行合一中弘扬教育家精神,在大爱无我中弘扬教育家精神。特别是要赋予教育家精神时代内涵、丰富教育家精神时代特征、彰显教育家精神时代力量,让"于漪式老师"成为师者榜样,让"于漪精神"成为教育界主旋律,让"于漪式品格"成为共同的价值追求,努力办好人民满意的教育。

(责任编辑:戴燕玲)

学习领悟，努力践行[①]

于 漪[*]

2023年教师节前夕，习近平总书记致信全国优秀教师代表，强调要大力弘扬教育家精神，勉励广大教师要躬耕教坛、强国有我，要树立这样的壮志，为我们强国建设、民族复兴作出新的更大的贡献。

我这个鲐背之年的老教师很受教育、鼓舞，因为习近平总书记对教育家精神作了非常深邃、深刻、深远的阐释。他从理想信念、道德情操、育人智慧、躬耕态度、仁爱之心、弘道追求六个方面对教育家精神加以高度概括。与此同时，他又分别阐释了具体的实践要求，就是要心有大我、至诚报国，要言为士则、行为世范，要启智润心、因材施教，要勤学笃行、求是创新，要乐教爱生、甘于奉献，要胸怀天下、以文化人。这是非常精彩的、具体的、实践的要求。

教育家精神非常有中国特色，体现了中国几千年师道文化源泉里的根和魂，同时又有时代特征，反映时代的精神。我觉得这样一个阐释，其实就是给我们教师树立了精神世界的标杆。教师如何塑造自己的精神世界，理想的标杆就在这里。

与此同时，它有许多具体的实践要求，告诉你要达到每个目标必须有一些根本的遵循，比如，你的道德情操、你的躬耕态度。每一条都有根本遵循，实际上是通向理想境界的路径。理论与实践结合，教育家精神实现了立体多维的有机统一。

教育家精神跟教育家是两个概念。教育家是一个个具体的人，教育家精神是我们厚重的传统师道文化和充满创新活力的时代特征的高度融合。教育家精神十分明确地界定了我们新时代人民教师的崇高使命。我觉得这就是一个指路的明灯，高屋建瓴、意义非凡。对于一名长期在一线从教的教师，重要的是八个字：学习领悟，努力践行。

学习领悟不应仅仅停留在字面上，要深刻理解字面背后的丰富内涵和精神实质。领悟

---

[*] 于漪，上海市杨浦高级中学名誉校长，人民教育家。
[①] 本文系编辑部根据于漪老师的讲话整理而成，并经于漪老师审定。

要用心、用情，用我们中华民族的伟大历史，用我们革命的红色历史和现在的社会主义先进文化。这样，就会觉得教育家精神的每句话都是那么丰富灿烂，那么意味无穷，一辈子都学习不完。

努力践行必须知行合一，做行动的巨人。理想信念如同明灯，不仅照亮我们的灵魂，更赋予生命以力量和激情。然而，理想的实现需要我们脚踏实地，而非空想。教育家精神的六个方面为我们指明了方向，并告诉我们如何以实际行动践行教育理念。它是理论的指导，也是实践的灯塔。我们要热情拥抱教育家精神的每一个方面，用行动证明我们的信念，用实践体现我们的精神。

心有大我、至诚报国的理想信念

"心有大我、至诚报国的理想信念"非常重要，它是教育家精神的政治灵魂所在。正如人需要精神支柱一样，没有脊梁骨的人无法直立行走，脱离爬行状态。有了精神支柱，人的脊梁才能直，步伐才能稳，方向才能正。当一个人步伐稳、方向正时，他的灵魂就会发光，生命就会充满力量。

"心有大我"不仅仅是一个词语或口号。当看到"大我"时，我心中立刻涌现出中华民族五千年的奋斗历史。这个"大我"——中华民族，历经波澜壮阔的历史汇聚融合。我立刻想到了波澜壮阔的革命史，中华民族逐渐摆脱贫困和弱小，抹去被帝国主义侵略的耻辱。无数革命先烈和前辈为了国家和人民的利益，不惜牺牲个人的一切，谱写解放中国人民的壮丽赞歌。一想到这些，我心中就会涌起敬仰和感恩之情。

这个"大我"不是一个没有生命的词汇，它是由无数人的生命和鲜血铸就的。回顾1949年以来的艰难岁月，特别是抗美援朝战争期间，很多人因严寒、饥饿、战斗而牺牲。每当想起这些，我便深感自己肩负的责任和担当。改革开放以来，我们的国家在各个领域都取得了跨越式的发展，红红火火的建设进程让我对"大我"有了更深的认识、体会和情感。"大我"不仅仅是一个口号或概念，它凝聚了人类最美好的情感和思想。江山是先烈和前辈们用血肉之躯打下的，我们在享受英雄的胜利成果。我必须将这份责任传递给学生，成为一名红色血脉的传承者。

教育是一项以人育人、以生命唤醒生命的工作。正如罗曼·罗兰所说，自己心中没有阳光的人，是不可能给别人播撒阳光的。作为教师，我深知自己的责任。传承红色血脉，最根本的是要有一颗中国心。我必须心中有理想信念的火焰，才能将这些传递给我的学生，才能把学生培养成为德智体美劳全面发展的，忠于国家、忠于人民的人。我不仅要传播红色的种子，更要为党育人、为国育才，培养有理想、有本领、有担当的时代新人。

将个人的工作与"大我"融合，将小我融入大我之中时，我的内心便如同拥有了一个广阔的宇宙，因为它里头装着全体学生，装着我们美丽的教育事业，装着我们国家的命运、民族的未来、人民的幸福。我们培养孩子，为他们打下做人的基础。我们在塑造新一代国民素质的基础。这一工作虽然平凡，但其意义非凡，具有战略价值和深远意义。

何谓至诚报国？就是一心一意、全心全意地为国为民。作为教师，也就是陶行知先生所说的"不带半根草去"的奉献精神。每堂课都可能影响孩子生命的质量。每个人生命的价值不是别人创造的，也不是天上掉下来的。任何人无法创造你生命的价值，必须自己创造。教师生命的价值是在完成为党育人、为国育才的历史使命中创造的，具体体现在培养学生成长、成人、成才的过程中。

有一句话是我一生的信条——生命与使命同行。我自己的生命是与我肩负的育人使命一起向前走的。投身于壮丽的教育事业，我感到何其荣幸。我们的每一分努力都在推动历史，书写人类文明进步的新篇章。

言为士则、行为世范的道德情操

"言为士则、行为世范"强调了教育家精神的道德属性。教师作为知识的传递者和灵魂的塑造者，言行不仅影响着学生，更对社会产生深远的影响。德育是教育的核心，它关乎学生的成长，关乎民族的未来。育德，是一个滴灌生命之魂的过程，有两点最为重要：一个是道德感染，一个是价值引领。

道德感染，要求教师自身具有高尚的道德情操，以言行自然地感染并塑造学生的精神世界。这一理念源远流长，孔子曾言"其身正，不令而行；其身不正，虽令不从"，强调教师以身作则的重要性。王阳明同样强调"正道、正言、正行"的教育核心。《世说新语》中的"言为士则、行为世范"进一步阐述了教师言行的道德规范对于成为他人榜样的重要性。教师应以礼貌、谦虚、尊重的言谈和遵守法律、尊重他人、承担社会责任的行为，展现士人的基本素质。若行为违背公认的道德规范，将失去他人的尊重和信任。因此，教师应时刻警醒自己的言行，确保行为与言论相一致，以实际行动践行道德规范，赢得学生的尊重和信任。

价值引领，要求教师引领学生树立正确的价值观，读书明理做圣贤。它要求教师以身作则，培养学生的道德情操和社会责任感。历史上的仁人志士，如范仲淹、文天祥、陆游，他们的高尚品质和坚定气节为我们树立了榜样。左宗棠在新疆任职时，不仅命令士兵沿途种植柳树，还积极为民众造福，体现了为民服务的精神。元曲《山坡羊·潼关怀古》的作者张养浩，更是散尽家财救济灾民，展现了深厚的为民情怀。张载说，要"为天地立心，为生民立命，为往圣继绝学，为万世开太平"。教师通过言传身教，不仅传授知识，更塑造灵魂，引导学生在读书中追求真理，在行动中实践圣贤的精神，从而培养出具有社会责任感和道德修养的新一代。

在学科教育的实践中，道德感染与价值引领相辅相成。以语文教育为例，既要"教文"又要"育人"，最终实现"德智融合"。语文教学不仅仅是对语言文字的传授，更是对学生精神家园的培育和灵魂的塑造。教师要"目中有人"，紧密联系学生的实际需求，深入学生的生活世界、知识世界和心灵世界。通过这样的教育实践，培养学生成为既有道德修养又具备智慧才干的全面发展的人。

人类的生存不仅仅是对物质享受的追求。固然，物质基础是生存的前提，我们也都期望生活能够日益改善。然而，人之所以区别于其他生物，关键在于我们拥有一个深邃而高贵的精神世界。当一个人的精神世界变得丰富而高贵时，他便拥有了非凡的品质、气派和气象，这使得人生的意义远远超越了物质层面。

我是做基础教育工作的。从22岁做教师到95岁，我一直在教育第一线，教过各个类型的学校、各个层面的学生。我深刻地体会到，从事这份看似平凡的工作，实则需要坚定的理想信念明灯一盏。言为士则，行为世范。唯有如此，我们才能激发生命中最精华的潜能，为社会作出贡献。这，便是真正的"活着"。

启智润心、因材施教的育人智慧

在教育的广阔天地里，启智润心与因材施教是每一位教师的必修课。这不仅仅是一种教育方法，更是一种深入骨髓的教育信念。面对孩子们千差万别的个性和潜能，我始终认为，教育不仅仅是传授知识，更重要的是要激发他们的智慧，滋养他们的心灵。我要做的，就是根据每个孩子的特点，给予他们最适合的教育。

启智，意味着我们要启迪学生的智慧，而非仅仅是传授知识。在今天这个时代，我们需要创造一个走向生活、社会的教育环境，培养学生适应未来发展和社会需求的品格和能力。润心，则是指我们教育者要以人为本，滋养学生的心灵。教育，如果忽视了人的心理感受，漠视了人文关怀，就难以塑造出丰满的灵魂和健全的人格。因此，我们要俯下身来，关心学生的需求，创设有温度的高质量教育，让信念的种子在学生心中生根发芽。教师要上好每一堂课，讲知识要深入浅出，让所有的孩子都听得懂，听得快乐，听得乐于接受。在课堂上，我力求每一节课都能多功能熏陶：不仅要传授知识、培养能力，还要培养学生的情感、态度和价值观。我深知，只有当学生被感动时，他们的变化才是显著的。有时候，我们可能觉得自己已经尽到了责任，但没有意识到教育有更深远的价值。

因材施教，是我们面对每个孩子千差万别的个性和潜能时必须采取的教育策略。我们要尊重每个孩子的个性，为他们的多彩人生奠基。教育公平的真正体现，是每个人都能展现自己的光彩。用单一的分数标准来衡量所有学生，无法培养出适应时代潮流和国家需求的人才。20世纪60年代，我曾教过一个学生，他原本想报考中文系，但我建议他学物理。因为我发现他的逻辑思维和空间思维非常出色。他后来考取了北大物理系，最终成为军事科学院的少将，取得了很大的成绩。他后来问我："于老师，您教语文，为什么能发现我在理科方面有潜力？"我后来反思，这就是因材施教的力量。当"因材施教"成为一种信念，教师必然会具备洞察学生潜力的能力，一丝不苟地对待每一节课，认认真真地对待每一个生命体。

教育是一场漫长的旅程，我虽然已经走过了很长的一段路，但我知道，教育永远有新的目标等待我们去追求，总有新的生命等待我们去塑造。因此，我将一如既往地坚持我的教育信念，用智慧和爱心，去启迪和滋润每一个孩子的心灵。理想就在岗位上，信仰就在行动中。理想虽然高远，但只要脚踏实地，一步一个脚印就能实现它。

勤学笃行、求是创新的躬耕态度

在教育实践中，要始终坚持勤学笃行、求是创新的躬耕态度。我深知，教育不是简单的结果输出，而是生命展开的过程。在这个过程中，我们要以一丝不苟的态度，以笃行的精神，躬耕教坛。

我坚信，教师要不断学习，不断探索，不断实践。勤学，意味着我们要有持续学习的心态和习惯，对新知识、新事物、新问题、新技术保持学习的热情和好奇心。只有这样，我们才能不断拓宽教育视野，更新教育理念和方法，提升教育教学专业素养。我坚持认为，教师应当成为勤于治学、不懈求索的表率。"学风可师"，教师的学风也要成为学生的榜样。正如习近平总书记所强调的，教师要"坚定勤学善思、追求真理、锐意创新的职业追求"。笃行，则是将所学知识转化为实际行动。这意味着我们要以身作则，率先垂范，为学生树立良好的榜样。我们要培养学生树立正确的世界观、人生观、价值观,厚植实干情怀,涵养求真精神,激励他们以持之以恒的奋斗姿态开辟属于自己的人生天地。

教得好首先要学得好。如果教师不把自己定位为一个学习者,那么无论他们来自多么知名的高校,或是拥有多么高的学历,都无法成为一名优秀的教育者。不学习,怎么能够跟上时代发展呢?教师必须勤学笃行、知行合一。这样才能不断提升自己,更好地指导学生。

在我的教师生涯中,我始终感到遗憾,因为我认为自己的思想境界和知识能力还有待提高,常常感到自己的能力不足。我后来意识到,水平不高并不可怕,落后也不是问题,真正可怕的是满足于现状,缺乏进取心。比如在我刚开始教授语文时,我甚至不认识拼音字母 b、p、m、f,这对我来说非常困难,真的非常难。但我没有退缩,通过学习很快补上短板。又如,在 20 世纪 60 年代时,我在课堂上"练口",一节课 50 分钟,从头到尾全部由我来讲,下面坐满了学生听众和观众。我意识到这样的课堂不行,好的课堂不应该是这样的,每个学生都应该是课堂的发光体。因此,我决心要改变,不能独占所有的课堂时间。学习的主体应该是学生,他们需要自己听、自己看、自己思考,他们是学习的主人,我怎能越俎代庖?只有不断进取,才能每天都有所进步。我所追求的不是一蹴而就的提升,而是"苟日新,日日新,又日新"。每天进步一点点,锲而不舍,时间一长,自然就能看见进步。

中国文化底蕴深厚,如在汉代,就已经讲实事求是了。毛泽东读书时,看到岳麓书院的大匾"实事求是"深受启发。我们的改革开放就是靠这几个字——解放思想,实事求是。求是与创新是教育工作中不可或缺的两个方面。求是要求我们以科学的态度寻求教育规律,寻求有效的教育方法和策略。我们要注重从实际出发,从实践中总结教育教学经验和规律,根据具体情境和学生需求去开展教育活动。创新则是教育发展的不竭动力,我们要勇于开拓新领域,通过教育教学实践来验证和完善自己的探索,不断提高自身批判性思维和反思能力。

在新时代的背景下,教师要以践行终身学习理念为基础,不断提高教书育人水平,为党育人、为国育才。我们要用真学问将莘莘学子引向知识的殿堂,培养他们成为实现中华民族伟大复兴的先锋力量。我认为,教育工作的真本领是克服困难,解决问题。每一节课都要全力以赴,不仅要传播知识,还要传播真理。在这个信息爆炸的时代,理论繁多,但真理却是最有力量的。我们要做的就是帮助学生理解这些真理,激发他们的求知欲,让他们乐于接受新知。

我经常告诉年轻的教师们,没有困难要我们做什么?我们的工作就是克服困难,解决矛盾。这不仅是攻坚克难，更是改革创新。因为我相信，今天的美好是过去努力的结果，而明天的美好需要我们去创造。要进步，一定要改革创新。

我对教研的理解可能与他人有所不同。教研不仅仅是依靠外部专家的培养和指导，虽然这些也是必要的，但真正优秀的教师，他们的成才之路最根本的是源自内心的驱动力和生命的觉醒。他们深知自己的生命应当与国家和人民的事业紧密相连。没有这种认识，一切都是徒劳。外因是变化的条件，内因才是变化的根本。因此，我认为教研首先应该从教师自我研究开始。教师在完成一堂课后，应该进行反思和研究：我是否清晰地传达了课程内容？我的教学目标是什么？哪些学生理解了，哪些没有？我是否对得起每一位学生？这种教研的核心在于内在的驱动力，即不断追求进步、前进、改进和自我超越，这正是改革创新的精髓。

求是创新、不断进步非常重要。我们不能安于现状，五年一个样、十年没有变化。"教油子"对孩子的成长和教育是极其不负责任的。我们必须不断学习，不断进步，以确保我们能够为孩子提供最好的教育和指导。

乐教爱生、甘于奉献的仁爱之心

在教育的田野上，要始终秉持一颗乐教爱生、甘于奉献的仁爱之心。这不仅是一种教育态度，更是一种自我涵养，涉及教师更深层次的修炼和提升；不仅对教育者自身成长至关重要，也会对学生的全面发展和教育事业的长远发展产生深远影响。

乐教爱生体现了教育者对学生的情感注入。这种情感的涵养要求教育者以爱心、耐心和细心去关注每一个学生的成长，引导并激发他们的潜能。我曾教授初中理科班，尽管许多学生对语文不感兴趣，但我从不因此而忽视他们。我认为，每个孩子都有其独特的天赋和潜力。作为教育者，我们的责任是发现并培养这些天赋，而不是因为学生的偏好而有所偏废。在教学过程中，我遇到过一些学生，他们带着数学思维在语文课堂上提出问题，我尽力给予恰当的回应。我意识到，这些孩子可能受到家庭的影响，认为数理化更为重要，而忽视了语文的价值。然而，我坚信语文教育同样重要，它能够培养学生的表达能力和思维深度。我经常在语文课上强调，即使是数学题，一个字的差异也可能导致完全不同的结果。有一次，我在课堂上提到了圆周率的计算，指出中国古代的计算成果比国外早了1700年。我询问是否有同学知道这一点，结果有一个学生能够背诵出小数点后二十几位的圆周率值。我对此给予了高度的赞扬，这不仅是对个人成就的认可，也是对整个班级的激励。

我认为，这样的教育方式能够激发学生的兴趣，让他们认识到学习的重要性。无论是数学还是语文，都是我们文化传承和个人发展的重要组成部分。

甘于奉献体现了教育者高尚的职业道德。这种品德的涵养要求教育者以身作则，以自己的言行去影响和感染学生。教师要跟科学家一样一丝不苟，因为你面对的是孩子的生命。从儿童到少年再到青年，每一个生命都是可贵的，都是家庭的宝贝、国家的宝贝。因此你要一丝不苟地干，要攻坚克难地干。我一辈子在一线上课，发现上一节精彩的课不难，难的是每一节课都十分精彩，每一节课都要真正提高学生的素质。教师要跟运动员一样坚忍不拔、持之以恒。尽管日复一日的工作可能看似平凡，有时甚至显得琐碎和繁杂，但我们必须认识到这些工作背后的深远价值和重大意义。教育不是百米冲刺的短跑，而是一场漫长的马拉松。它不是一蹴而就的，而是一个逐步发展的过程。基础教育尤其如此，它不像是浇灌后立刻就能开花的植物，而是一个需要时间、耐心和持续培育的过程。

教育家是一个具体的人，具体的人之所以出现，是教育家精神的时代造就。我个人的生命经历也体现了这一点。我曾经历过多次生死考验，三十几岁就吐血，后来又经历过多少次磨难，生过几次重病，居然会活到现在，那是因为新社会医疗条件好。1993年，我重病缠身危在旦夕，市里的领导亲自到医院看我，我又活过来了。这是因为精神在啊！教育家之所以能够成为教育家，是因为他们的精神与时代相呼应，他们的生命和工作与时代的脉搏紧密相连，他们能清醒地看到自己的不足，持续奋勇向前。

胸怀天下、以文化人的弘道追求

教育不仅仅是知识的传授，更是文化的传承和人格的塑造。教师的工作质量直接关系到国家的命运、民族的命运以及老百姓的幸福生活。我深信，作为一名教育者，我们肩负着培养下一代的重任，这不仅是对个体的培养，更是对国家未来和社会进步的贡献。

我常常回想起自己年轻时接受的教育。那时再穷的家庭，家长都要教育孩子做好人、善良、勤劳。善良勤劳是做人的根本，现在家庭教育考虑最多的就是知识分数，乃至怎样出人头地，我对此深感忧虑。品德教育是根基，是塑造健全人格的基石。一些人相信金钱万能，把做人的底线丢掉了。这种影响无处不在、无孔不入，不是几场报告可以改变的。做人的底线本来是中国人重要的底线。鲁迅先生努力揭示人性中的愚昧之处，目的是启发民智，促进社会的进步。他通过文学创作，将这些愚昧的现象呈现出来，以此唤醒人们的觉悟。年轻教师一定要有文化自信，从中国的优秀文化精粹中汲取精神养料，在学生心中厚植中华优秀传统文化之根，胸怀天下，以文化人。在诸子百家中，"天下"占据很高的地位，"爱天下"是古代教育家思想的主要内容。近代以来，一大批教育家饱含胸怀天下的家国情怀，以改造社会、救亡图强为根本。当今时代，更应坚定文化自信，传承中国特色文化，弘扬人类价值追求。

教育的真正目的是"为国育才，为人奠基"。为孩子们奠定做时代新人的坚实基础不应该是一个急于求成的过程，而是一个注重长远影响的事业。只有这个基础宽广、深入且正确，才能确保根基稳固而深远，使孩子们如同树木般茁壮成长，枝繁叶茂，最终成为社会的栋梁之材。基础教育是一种基本建设，其成效并非一朝一夕就能显现。为孩子打下的坚实基础，将使他们终身受益无穷。我如今九十几岁，依旧能够自如地写作，无须草稿，这都要归功于我所接受的基础教育。对此，我心中充满无限感激。我的高中语文老师们，包括黄侃的门生赵继武和顾颉刚之子顾德辉等，都是博学多才的学者。他们为我一生的发展奠定了坚实的基础，是我生命中最宝贵的财富。

教育家精神植根于优秀传统文化，是中华优秀传统文化在当代教育实践中开出的具有创新活力的花朵。每个教师身上都有或多或少、或深或浅的教育家精神的优秀元素，教育家精神是广大一线教师在教书育人实践中的理想追求和高尚品德的凝练与升华。因此，教育家精神离我们教师并不遥远。

精神是生长出来的。越王勾践剑是国之瑰宝，历经千载，依旧锋利如初。这是因为铸剑大师将自己的灵魂与精神熔铸于剑身之中，赋予了它千年不败的价值。虽然我们从事的基础教育事业未必能立即引起轰动效应，但它却在我们深爱的这片土地上的孩子们心中，奠定了坚实的优秀素质的基础。作为育人的人，我们应当将生命中的精华毫无保留地融入这份崇高的事业中，如此，众志成城，中国特色的基础教育就能走向世界，绽放出耀眼的光辉。

（责任编辑：汪海清）

论于漪教育教学思想的基本架构

兰保民*

众所周知，于漪①在 20 世纪 90 年代旗帜鲜明地提出了语文学科性质的"人文说"，于是人们通常便会认为，"人文说"是于漪对语文教育教学的理论贡献。这当然是不错的，但还不止于此。考察于漪教育教学的实践文本和理论建树，我们会发现，人文主义根本就是于漪教育教学思想整体版图的基本底色。对此，张汝伦教授曾在《人文主义的教育理念》一文中有所论述，笔者也曾以"人文精神铸就思想风骨"为题重点探讨了它的内涵、渊源和精神气质。在此基础上，我们需要进一步追问的是，以人文主义为鲜明特征的于漪教育教学思想，其基本架构是怎样的？笔者认为，于漪教育教学思想的具体内涵可梳理为"六观"，它是一个深度实践的事实系统、指向清晰的价值系统和方法多元的策略系统，并呈现出鲜明的人民性、实践性、人文性和科学性特征。其中，以"教书育人"为核心的价值论、以"精神觉醒"为核心的主体论、以"探索精神"为核心的认识论，是其思想系统的三根重要的支柱，也是其思想及其形成过程中的价值源泉、动力源泉和智慧源泉。（见图 1）

于漪教育教学思想的主要内涵

有研究者曾将于漪教育教学思想归纳为"五观"：教育观、教学观、教师观、学生观、管理观②。笔者对这"五观"没有异议，同时认为，在"五观"的基础上，应该补上其中非常重要的一个板块——学科观（就于漪而言，具体表现为她的"语文观"），才能基本完整地呈现于漪教育教学思想的整体面貌。

教育观

于漪既强调教育对于"人之完成"的个体生命价值，又重视教育对于国家发展、民族

---

* 兰保民，上海市教师教育学院于漪教育教学思想研究部副部长，正高级教师，语文特级教师。
① 依学术惯例，本文直称姓名，而未采用"于漪老师"或"于老师"等带有感情色彩的称谓，特此说明。
② 卜健，周梅. 于漪教育思想的实践转化：模式、机制与路径 [J]. 现代基础教育研究，2023（3）：9–16.

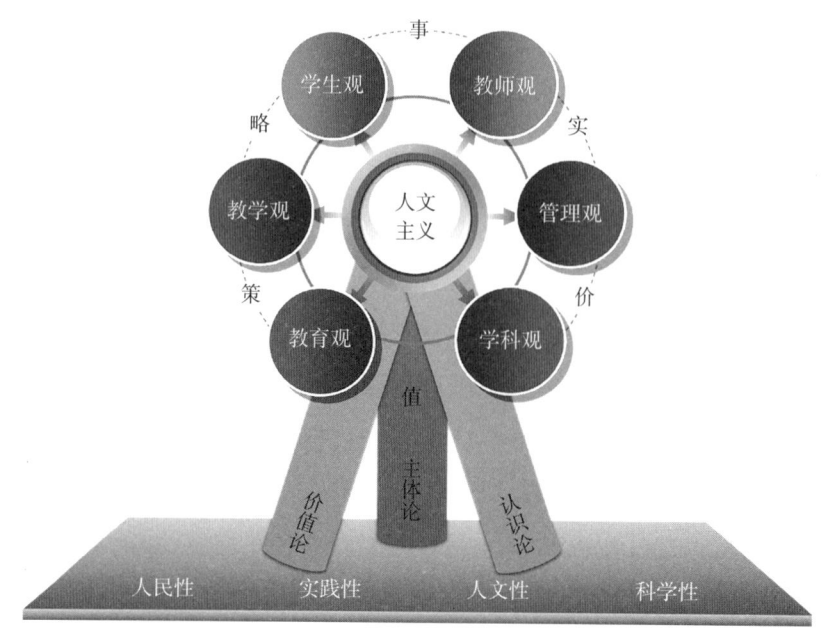

图 1 于漪教育教学思想的基本架构

振兴的族群社会价值,聚焦在"人才奠基:培养有一颗中国心的现代文明人"上。她认为,教育,就是培养人,就是"教人成人";中国教育,就是培养有一颗中国心的现代文明人。基础教育为人终身生命发展奠基、为中华民族伟大复兴奠基,因此就要坚定教育自信,创建中国特色社会主义基础教育学和教师学。

教学观

于漪教育教学思想的教学观可以概括为"德智融合:立体化施教,多功能育人"。她认为,课堂是育人的主阵地,课堂质量决定学生的质量。要"术道合一",充分彰显学科育人价值,德智融合滴灌学生心灵。根据学生学习需要和教学内容特点,点面体结合,构建立体、多维、无恒的课堂教学,创设师生交融、生命涌动的佳境,使学生的头脑和心灵同步发展与提升。

教师观

如果要用一句话概括于漪的教师观,恐怕就是"使命意识:一辈子做教师,一辈子学做教师"。她认为,选择做教师就是选择了奉献,选择了高尚。而教师成长的关键在于精神的深度觉醒,充分认识到自己平凡工作的战略价值和非凡意义,认识到自己教学的质量与学生生命发展的质量和国家民族前途命运休戚相关,并为此而调动起全部的生命精华,全力以赴,倾心向学,上下求索,一辈子和肩负的历史使命结伴同行。

学生观

在于漪心中,每个学生都是独一无二的活泼泼的生命体,是家庭的宝贝、国家的宝贝,因此教师要满腔热情满腔爱,以超越亲子之爱的真诚的师爱热情拥抱每一个孩子,牢固树立以学生发展为本的理念,认清当代学生的共性,珍视不同学生的个体差异,与学生展开心灵的对话,点亮学生心灵和智慧的明灯。"目中有人:每个学生都是生命发光体"差可概括于漪的学生观。

学科观

于漪特别重视教师的学科自觉,因为无论哪一门学科,准确而清晰地把握学科的基本性质与特点,是形成教学自觉的基础和关键。就语文而言,它是一门工具性与人文性相统一的实用而多彩的人文学科,具有多功能的育人价值,教学中要树立"体"的观念,追求综合的育人效应。可以这么说,"教文育人:工具性与人文性的统一"就是于漪作为语文教师关于学科的实践与理论基石。

管理观

从1985年到1995年,于漪曾经做过十年校长,创造了著名的"二师现象"。在她看来,学校管理关键要有"文化自觉",真正"把教育回归育人,变成办学的自觉追求"。为此,校长就要做智力生活丰富、精神境界高远的教育家型校长,牢牢把握社会主义办学方向,站在时代的、战略的、与基础教育发达国家竞争的高度思考办学的总体要求,把学校办成文化气息浓郁、生命健康成长的乐园。

于漪教育教学思想的三个系统

应该指出的是,于漪教育教学思想的以上"六观",绝不是机械割裂、互相孤立的,而是呈现为整体性、融合性、动态化的特征,具有鲜明的系统特征。它绝不是一个单纯的理论体系,倒毋宁说,它既是一个深度实践的事实系统,又是一个指向明晰的价值系统,同时也是一个方法多元的策略系统。其中"事实"背后有坚实的"价值"支撑,"价值"经由"事实"得到彰显,而"策略"则是在"价值"指引下创生"事实"的教育智慧。

事实系统:教育现场与实践创生

为什么说于漪教育教学思想首先是一个深度实践的事实系统?因为她的教育教学思想都源自教育现场,是她在深度耕耘的教育教学实践过程中创生出来的。于漪从1951年参加教育工作以来,就一直坚守基层一线教学。她做过文化课教师、历史教师、语文教师、教研组长、年级组长、校长,一辈子与学生打交道,一辈子站稳讲台,一辈子以独具风格的语文教学和班主任工作滋润学生的成长,助力教师的发展。在七十余年教书育人的漫漫长征中,她以语文教学为营盘,以心血、深情与智慧为火种,点亮学生生命灯火,烛照教师成长之路,引领教育良性发展。

我们完全可以说,于漪教育教学思想,无论是语文教学还是其他"五观",都绝不似书斋教育学者那样进行单纯的理论推演,也不像实验教育学者那样"大胆地假设,小心地求证";它首先是一个深度实践的事实系统,建立在真实、深入的实践基础之上,体现出对教育教学实践及其内在规律的深刻理解。因此,与其说她的思想是教育教学理论,倒不如说是教育教学智慧,因为她的教育教学思想不是温室里的娇美花草,而是广阔田野里的婆娑绿树。它深深扎根在实践的大地,栉风沐雨,披星戴月,映着五彩的霞光,带着鲜活的露水,"培出慰藉的花儿,结成快乐的果子"。

正因为于漪教育教学思想首先是一个深度实践的事实系统,因此于漪的文章和著作相应地便呈现为一种独特的文风。笔者曾经在一篇文章里作过这样的评论:"于漪很多文章真的很难明确界定文体属性。且不说那些由演讲而整理出来的文章,即便是正式发表的很多论文,文体特征同样非常独特。它们既是论文又不像论文,既像随笔又不是随笔;有论文的理性深度,有散文的随意洒脱,有记叙文的生动鲜活,有的甚至还有报告文学般的丰富与张扬!记忆深处的精彩往事涌上心头,笔下便是情感的世界;往事退场,理性突入,笔下便是思想的战场。真不知道还有谁具有这样的气度,能够让思想在叙事、抒情、议论之间像她这样大开大合、自由流转。我们甚至可以说,于漪独创了教育教学思想表达的'于漪文体'。"[①] 其实这种独特文风的奥秘不在别处,因为她的每一条思想都绝不是"仿"出来的,也不只是"想"出来的,更不只是"讲"出来的,而是从她自己教书育人的现场里"长"出来的。

价值系统:本质规律与立场方向

在西方文化传统中,无论休谟还是康德,都把事实世界与价值世界作截然区分,同时也否定事实与价值之间的关联性和一致性;而在我们中国文化传统中,这两个世界却是彼此交涉,不即不离的,无论是儒家的"极高明而道中庸",还是道家的"独与天地精神相往

[①] 兰保民.留一脉中国基础教育的"精气神"——《于漪基础教育论稿》编感[J].七彩语文(中学语文论坛),2016(2):91-92.

来，而不敖倪于万物",抑或禅宗的"即世间求解脱""平常心是道",都是如此。于漪教育教学思想具有鲜明的中国传统文化气质。它作为"事实系统",是在"价值系统"引领之下的,同时又在不断探寻并抵近价值本体;而作为"价值系统",它又融贯在前述的"事实系统"之中,并通过这个"事实系统"彰显出它的意义。

于漪教育教学的价值思想始终认为,"教育,就是培养人",人是目的,而不是工具,每一个学生都是生命发光体;教育不仅应关注学生的知识增长,更要引导学生树立积极向上的价值观,使他们在未来的生活中具备清晰的道德认知和社会责任感。也只有把孩子真正培养成为"有一颗中国心的现代文明人",才能响亮地回答好党和国家提出的"培养什么人、怎样培养人、为谁培养人"这"教育三问"。因此她一再强调中国的基础教育绝不能只点"洋蜡烛",而是要坚定教育自信,有中国人自己的灯火,走中国人自己的路,创建中国特色基础教育学和教师学。正是这种价值思想赋予她的教育教学思想以鲜明的人文色彩,并引导她不断追求教育教学实践的高境界。

早在2001年,原国家教委副主任柳斌便赞誉于漪"育人是一代师表,教改是一面旗帜"。中共中央、国务院在2018年改革开放四十周年之际授予她"改革先锋"荣誉称号,也主要因为她是"基础教育改革的优秀教师代表"。然而深入阅读于漪的教育人生,研究她的教学实践,我们却发现,虽然于漪的教育教学思想一直在丰富,一直在发展,但她却绝少开展以学生为对象的带有试验性的教改项目,尤其不搞并旗帜鲜明地反对两类打着教改旗号的行为:一类是以确立某种教学模式为目标的所谓教改试验,另一类是以测量学为主要研究方法、以量化数据为主要评价指标的所谓教改课题。这是为什么呢?因为在她看来,学生不是流水线上的产品,实在不行还可以重新来过;学生的青春只有一次,他们只有一次接受教育的机会,因此容不得教师来做试验。在她看来,学生是鲜活的生命体,课堂是师生情感和智慧互相激荡的生命涌动的现场,单纯靠量化分析,看似精确,实际上却极不科学,因为这样做很难抵近真实,所以也就很难揭示规律。

于漪的教改,绝不是上述两类试验性教改或实验性教改,而是问题导向和价值引领下的实践性教改。她自己曾说:"我是一个满脑子都是问题的老师。"深广的忧患意识擦亮了她的双眼,让她在面对每一个时代的现实教育问题时总能时刻保持清醒的头脑,而敏锐的问题意识则是她进行教学改革的第一推动力。无论是20世纪70年代末的"既教文,又育人",还是80年代"语言与思维同步训练双效提升""站在三个制高点上,两代师表一起抓",抑或90年代的"弘扬人文,改革弊端",包括21世纪以来的"德智融合滴灌生命之魂"和"以教育自信创建自信的教育",于漪总是牢牢把握语文学科教学和中国特色社会主义基础教育的本质、规律、育人目标和国家立场而毫不动摇,同时又以此为指引而基于时代症结不断探索,创生问题解决的实践策略,锤炼思想表达的警醒话语,贡献破局解困的实践智慧和理性思考。正因如此,于漪才成为当代教育界的"常青树"和"不老松",她的教育教学思想才呈现出与时俱进、不断发展并自我超越的"小跑前进"的思想样态。可以这样说,于漪教育教学思想的形成与发展有其内在的辩证法,它是"变"与"不变"的谐和,它是"坚守"与"超越"的统一。

策略系统:实践路径与价值达成

如前所述,于漪的教育教学思想不是仅仅停留在纸面上或口头上,而是真正"做"出来的,那么她是怎么做出来的呢?我们还说过,于漪始终秉持价值理性而创生破解时代症结问题的实践智慧,那么她又是怎么实践的呢?

打开卷帙浩繁的《于漪全集》,我们往往会觉得,无论是从她的论文、著作还是教案,乃至她的教学案例与课堂实录中,我们基本上都没有办法提炼出一种恒定不变的教学模式或一套可以照搬照抄、包打天下的教学技术;然而我们还会发现,无论什么样的学生,无论什么样的文本,无论课堂上发生什么样的意外情况,也无论其所管理的学校原本发展基础如何,在她那里好像都不是什么难事,好像都能迎刃而解,甚至经常还会创造出教育教学的奇迹。例如,学生小郝原来是个令同学躲避、教师头疼的"女汉子",调到于漪班级后,却与于漪成为忘年交,转变成了品学兼优的好学生;学生小郑原本是地地道道的"写作困难户",于漪却能在一年多的时间里把他培养成写作优等生;当一个"语文学困生"在课堂上冒昧发问"老师,万万是什么"而遭到全班同学哄笑时,于漪却能让他重拾信心,从而自豪地抬起原本低下了的头;还有《形声字》《口头表达训练》《花儿为什么这样红》这样的普通语文教师往往视为畏途的难课、生课,于漪却同样能上得课堂上生命涌动、精彩纷呈;还有著名的"二师现象";等等。难道没有方法和策略,完全靠自动自发就能达到这样的境界吗?显然不能。因此我们说,于漪教育教学思想的实践路径与价值达成,有其自身的方法多元的策略系统。

那么这一策略系统是怎样的呢?人们常说,教无定法,贵在得法。那么怎样才算"得法"呢?笔者认为,在于漪这里,就是一种"如水的智慧",具体来说体现为以下八个方面。

一是"真"。水只有清澈真纯,远离污染,拒绝任何杂物或"添加剂",才能与"天光云影共徘徊"。教师教学也要一片真诚,真情投入,师爱荡漾,"感情问题来不得半点虚假。

教师对学生是全心全意、半心半意，还是三心二意，学生心知肚明"。

二是"入"。像水那样随机渗透，深入底里，了解学生，研究学生，走进学生世界，寻找到学生内心隐秘的琴弦，因为"知心才能教心"，"教师不能只站在学生世界的外面观察，要站到学生世界之中眼看耳听，搭准他们的脉搏"。

三是"适"。大象无形，随物赋形。教育教学绝不能固守某种特定的模式而不思变通，也不能机械复制别人的经验或照搬照抄别人的教案，要有创造力，因材施教，因"道"生"术"，因人设课，因课立教，"适合学生的才是最好的"。

四是"恒"。滴水石穿，绳锯木断，教育教学工作绝不能奢望可以毕其功于一役，而是要有足够的耐心，不嫌烦，不怕反复，持之以恒，久久为功，用"水磨的功夫"载歌载舞，"使鹅卵石臻于完美"。

五是"清"。教什么，怎么教，为什么这样教，怎么导入，如何过渡，哪里掀起高潮，如何收束，心中须一清二楚，做到重点突出，思路清晰，线索分明，把"课上得一清如水"，使"学生学有兴趣、学有所得、学有追求、学有方向"，课堂上"生命涌动"。

六是"净"。"不断向'污点'进攻"，不断净化自己，完善自己；悉心向学，追求卓越，因为"师风可学，学风可师"；一身正气，为人师表，表里俱澄澈，"教师若事事以身作则，说到做到，在学生心目中就是诚实可敬的榜样"。

七是"容"。海纳百川，有容乃大，要有容人的器量，因为教师的责任就是帮助学生解决成长中的问题，所以要容忍学生犯错误，"少下'禁止令'，少设'阻挡拦'，而是积极引导，为他们'出谋划策'"。

八是"融"。水有融合万物、调和百味的功能，教育也是这样。素质教育要在形成合力上下功夫，同时要内外贯通，让学生拥抱生活天地；教学要"德智融合"，立体化施教，多功能育人，追求综合效应。

笔者不揣谫陋，从于漪的诸多著述中梳理出"真""入""适""恒""清""净""容""融"这八个字，不妨姑且称之为于漪教育教学思想策略系统的"八段锦"，常习常练，有"强身健体"之功。

于漪教育教学思想的三根支柱

以上我们探讨了于漪教育教学思想的主要内涵与系统类型，那么在她思想系统中居于核心地位，最具有支撑性和生发力的要素是什么呢？笔者认为，以"教文育人"为核心的价值论（why）、以"精神觉醒"为核心的主体论（who）、以"探索精神"为核心的认识论（how）是于漪教育教学思想的三根支柱。它们分别从"理想的教育如何可能""教育中的'人'如何可能"和"对教育的认识如何可能"这三个维度，有力地回答了"为什么要教育""教育中的人应怎样"和"正确的教育认识是怎样形成的"这三个教育教学工作的根本问题，从而支撑起了于漪教育教学思想的智慧大厦。

以"教文育人"为核心的价值论

在讨论教育问题时，于漪始终高扬价值理性，坚持教育的理想主义，而对功利主义和工具理性的干扰痛心疾首。正因如此，所以她的教育观强调"育人"为本而反对"育分"至上；她的教学观强调"术道合一"，强调"德智融合滴灌生命之魂"，而反对把关注点单纯放在教学的技能方法上，反对仅关注学科的知识点、能力点而"断点"施教、机械训练；她的学生观强调学生作为"生命发光体"在教育教学中的主体地位，强调"生命本来没有名字"，每一个生命都是独特的、平等的，反对给学生贴标签，反对任何不尊重、不热爱学生的行为；她的教师观强调教师精神的深度觉醒，而反对仅为稻粱谋而不思进取；她的学科观在正视语文工具属性的同时积极弘扬其人文属性，反对单纯的实用主义和唯工具论；她的管理观强调要站在文化平台上办学治校，反对金钱、功利等对校园的侵染和腐蚀。

要而言之，于漪教育教学思想最重要的一个聚焦点就是"教文育人"。"教文"是为了"育人"，而"育人"则必须通过"教文"来达成，一切都是以"育人"为本。应该说，以"教文育人"为核心的价值论，是于漪教育教学思想的价值源泉。

以"精神觉醒"为核心的主体论

于漪有三句话。她说："生命赋予了我们一种责任，就是精神的觉醒与成长。"她又说："教师成长的关键在于精神的深度觉醒。"她还说："让生命与使命结伴同行。"在她看来，教育教学的主体是"人"——学生和教师。而无论学生还是教师，都必须实现"内生长"，才能获得生命成长的源源不断的活力与动力。所以，就学生而言，于漪特别强调"兴趣、感情、求知欲"的重要性，因而在教学中特别注重"三激一实：激情、激趣、激思，主动积极进行语言实践"；就教师而言，她认为只有内心的深度觉醒，教师才会真正成长，并通过实践将内心的这种深度觉醒转化为学生的真本领。

那么"精神觉醒"应该"觉醒"到什么呢？觉醒到人生的意义、学习的意义、"读书明理，明做人之理，明报效国家之理"的意义，觉醒到肩负的使命和责任。那么怎样才算是"觉醒"呢？用冯友兰的说法，就是对意义的"觉解"；用王阳明的说法，就是"知行合一"。

对意义的理解仅仅停留在认识、理解的层面,而不去践行,算不上"精神觉醒";真正的"精神觉醒",是调动起全部的生命精华全力以赴地去"做",并深刻理解为什么要去这样"做"。只有实现精神的深度觉醒,才能笃行不息,砥砺奋进,"让生命与使命结伴同行"。只有这样,学生才能悉心向学,不负韶华;教师才能乐教爱生,至诚报国,自觉追求教育家的境界。可见,以"精神觉醒"为核心的主体论,是于漪教育教学思想的动力源泉。

以"探索精神"为核心的认识论

于漪有一句名言:"与其说我做了一辈子教师,不如说我一辈子学做教师。"这不仅是她对教育事业的深情、热爱与忠诚的表达,同时也是她对自己那种"探索精神"的夫子自道。2006年北京师范大学出版社受教育部委托出版了一套"教育家成长丛书",由时任国务院总理温家宝同志亲自作序,于漪为自己被收录的著作定名为"于漪与教育教学求索"。这样的书名,看上去似乎没标示什么特别鲜明的教学特色、教学主张,更没有提什么口号,与丛书中其他书名相比,"求索"两字实在朴素得很。然而从中笔者却深深体会到了她在自己教育教学生涯中所秉持的那种"勤学笃行、求是创新的躬耕态度",及其所挺立的那种贴地前行、不懈探索的永恒姿态。因为在她看来,对教育教学规律的认识和理解永远不能止步,既不能故步自封,更不能画地为牢,而应海纳百川,广采博收,并"孜孜矻矻,上下求索,左右对照,不断敲打自己,不断反思、改进"。

于漪的探索精神主要表现在三个方面:学习、实践、反思。她说:"我一辈子学做教师有两根支柱。第一根支柱是学习,勤于学习,第二根支柱是勇于实践,两根支柱的聚焦点就是反思,不断地反思。"正是这种"路漫漫其修远兮,吾将上下而求索"的探索精神,赋予了于漪教育教学思想一种强大的开放性、进取性和超越性,使她的教育教学思想不断丰富,不断发展,一直卓立潮头,引领着语文教学和基础教育前进的方向。因此我们说,以"探索精神"为核心的认识论,是于漪教育教学思想的智慧源泉。

于漪教育教学思想的基本特质

古今中外的教育家应该说有不少,比如中国古代的孔老夫子、朱熹、王阳明,近现代的蔡元培、陶行知,外国的苏格拉底、杜威、苏霍姆林斯基等。作为教育家,于漪与这些教育家当然有共性,比如对教育的深刻认识、深厚渊博的学识、广泛深远的影响力等;而其作为"人民教育家"国家荣誉称号获得者,又有着非常鲜明的个性特点,这些鲜明的特点,同时也是其教育教学思想的基本特质。

人民性

于漪是与新中国同步成长起来的教育家,是由党和国家培养出来的教育家,又是通过精审严格的行政程序层层选拔,由全国人大常委会正式颁授"人民教育家"国家荣誉称号的教育家。她之所以能够获此殊荣,正是因为她忠实地践行了党和国家的教育意志,认真学习并积极贯彻党的教育路线与方针政策,坚定地持守着教育的政治立场、国家立场、民族立场和人民立场,是所有教育工作者如何"为党育人、为国育才"的典范和榜样。

教育的国家意志是什么?概括地讲,就是"立德树人",就是"一切为人民"。而于漪教育教学思想和实践中的"人民",就是成千上万普通老百姓家的孩子。她用满腔热情满腔爱,呵护滋润着每个孩子的生命成长,让他们成长为对国家富强、民族振兴的有用之才。她说:"我的学生不一定是最优秀的,但他们都是家庭的宝贝、国家的宝贝,我当教师,要把他们当宝贝一样来教育。不求他们能显赫,但一定要成为社会的好公民,服务国家,服务人民。我用荡漾的师爱滋润他们幸福成长。"① 从这个意义上来说,于漪是名副其实的"人民教育家",体现出"人民性"的特点。

实践性

于漪曾经在不同时间、不同场合反复自称自己就是一名普普通通的"草根教师",对她自己来说,这虽然只是一种谦虚的说法,但无意中却也准确地揭示了其作为人民教育家的鲜明特质。作为人民教育家,于漪终生从教,从未离开过讲台,她的思想扎根在校园,扎根在课堂,扎根在一线教育教学实践的肥沃土壤里。因此我们完全可以说,与古今中外其他教育家相比,"草根性"正是于漪作为教育家的独特个性,同样也是她作为人民教育家的基本特点。

"草根性"这三个字,至少揭示出了两个特点:第一,于漪所关注的领域,主要集中在整个教育体系中的基础教育;第二,作为教育家,她不是学院派,也不是经验派,而是既能够"脚踏实地唱人歌",又能够"仰望星空奏神曲"的实践派。她的教育教学思想,不是写在从理论到理论的高楼大厦里,而是写在倾其毕生之力所奉献着的基础教育教学实践大地上的;她的教育教学思想是从实践到理性,再用理性指导实践,如此循环往复,从而使教育教学实践不断趋于完善、使教育教学理性不断趋于澄明的辩证发展过程;她的教育教学思

---

① 于漪. 每个学生都是宝贝:情感世界的自我涤荡 [J]. 上海教育,2019(1):68-69.

想,绝不只是停留在她近700万字《于漪全集》所收录的一篇篇文章、一本本著作的书面表述中,同样也蕴含在她与学生、与教师、与教育同行在活泼泼的教育现场共同创造的一个个鲜活生动的教育故事里。她是一个"有故事的人",而每一则教育故事都蕴含着鲜明的思想;她是一个"有思想的人",而每一条鲜明的思想都有大量的教育故事作为注脚。

人文性

在谈到自己的语文教育观时,于漪曾经饱含深情地说:"'人文说'是我向当今教育贡献出的一颗赤诚之心。"长期以来,由于不少语文专家片面强调语文学科的工具属性,甚至还有"唯工具论"的论调,导致语文教学"失魂落魄",语文教师倍感迷茫,而学生则对语文学习兴味索然。于漪结合自己长期语文教学的实践和认识,广泛、深入而又系统地研究了古今中外的语言理论和有关母语教育的文献后,旗帜鲜明地指出,语言不仅仅是一套自然代码,同时也是一套文化代码,是一个民族认识世界、阐释世界的价值体系和意义系统,因此"工具性和人文性,是一个统一体的不可割裂的两个侧面"。从此,工具性与人文性的统一是语文学科的基本特点,这一观点得到越来越多人的认可,并成为21世纪以来"语文课程标准"对于语文课程性质的标准界定,从而从理念上廓清了人们对语文学科的模糊认识,为语文课程教学改革有效落实党和国家"立德树人"根本任务奠定了坚实的学理基础。

正如《人民教育》刊发的一篇通讯所说的那样,"于漪的教育思想是从语文开始发端的",而其志向则是要"为当代中国培育一部活生生的'教育学'"[1]。她的"人文说"的提出,虽发端于语文,却始终贯穿在她整个教育教学思想的方方面面;当然反过来说也成立,正是因为她准确把握了"教育,说到底就是'培养人'三个大字"这一核心和本质,她才能够慧眼独具地揭示出长期以来为纷繁芜杂的语文意识形态所掩盖着的这个"人文性"的简单事实。无论在课堂之内还是课堂之外,无论在实践中还是在认识上,无论是1964年在《文汇报》上正式发表的第一篇文章[2],还是现在发表的各类著述和演讲,于漪始终强调"目中有人"的教育观,始终坚持人是教育的唯一目的,始终坚持中华文化中"惟天地,万物父母;惟人,万物之灵"的人文传统,始终满腔热情满腔爱地关心学生作为"人"的智力、情感以及身心发展需要,"引着、拽着、扶着、托着、推着学生向前,引领他们不断增强自觉性、自主性,健康茁壮地成长"。这种把学生的人格发展、素质培养和生命境界的提升放在

---

[1] 余慧娟,赖配根,李帆,等. 人民教育家于漪 [J]. 人民教育,2019(20):6-35.
[2] 于漪. 胸中有书 目中有人 [N]. 文汇报,1964-04-16(02).

核心地位，作为第一要素详加考量、躬身实践的教育观，通体闪放的都是人文主义教育的思想光辉。再放而言之，在于漪的整个教育世界中，无论是学科教学、班主任工作，还是学校管理，抑或是教师培养，以及其所从事的与教育密切相关的社会工作，无不闪耀着这种人文主义教育思想的光芒。所以说，人文主义是于漪教育教学思想及其实践的基本底色。

科学性

于漪始终把教育教学当作一门艺术，她的经典表述——"真正的教师，是用生命在歌唱"，自然是对教育教学工作的审美化表达，而她的经典著作《语文教学谈艺录》，更是直接把语文教学当成一门独特的艺术来探讨，但这丝毫无伤于她教育教学思想的科学性。在她看来，"教学既是科学，又是艺术"。她曾经在《于漪与教育教学求索》一书中引用陶行知关于教育家的表述，来表明自己对"科学教育家"的定位与追求。于漪是否认同陶行知办教育的"实用科学"取向，容或细论，而从中让人看到其对教育教学科学性的追求则是毋庸置疑的。

于漪教育教学思想的科学性最突出地表现在科学精神、创新精神和思维方式上。什么是科学精神？它有很多内涵，例如坚持理性原则、强调实践实证等，这在于漪教育教学思想中都有鲜明的体现，而其中最突出也是最宝贵的则是，她始终秉持价值理性，始终探寻教育教学的本质和规律，始终从对教育教学本质和规律的深刻理解中生成实践的路径、方法和策略。

科学的要义在于创新，而创新精神恰恰是于漪教育教学思想的突出特点，这恐怕也是她之所以在《于漪与教育教学求索》一书中引用陶行知名言的重要原因："敢探明新理，即是创造精神，敢入未开化的边疆，即是开辟精神。"她曾这样说过："我一直主张，仿我者死，创新者生。"所以有研究者指出，她的"教育生涯是教育思想和教学实践同步创新的过程"，"她毕生在用自己的教育教学研究、实践和创新破解中国教师专业发展的内在密码"。[①] 她始终坚持对教育教学工作"力求有自己的见解，不追风，不沽名钓誉，不乱提口号，不拾人牙慧壮自己的声势"。正是这种创新精神，让她的教育教学思想在时代洪流中永葆勃勃的生机与活力。

于漪教育教学思想的科学性还表现在她的思维方式上，她善于运用原点思维、整体思

---

① 于漪，李瑾瑜. 教师发展的若干现实问题及其破解之道——专访人民教育家于漪先生 [J]. 教师发展研究，2022（4）：21-40.

维和辩证思维来分析、研究教育问题。笔者曾在《语文课堂教学评课智慧——于漪评课案例剖析》一书中从评课的角度对此有所揭示，这里限于篇幅，不再赘述。

综上所述，于漪将教育视为一项立己、成人、报国、弘道的薪火相传的文化事业。她的教育教学思想，关注学生和教师生活世界的充实、知识世界的完善、心灵世界的净化和生命境界的提升；她的教育教学思想，不仅在实践中具有很强的操作性，还蕴含着深刻的人文价值和教育哲学；她的教育教学思想，不仅是语文教育的思想宝藏，更是促进整个中国特色社会主义教育，尤其是基础教育发展的一笔宝贵财富。

弘扬教育家精神，落实立德树人根本任务，要求每位教师和所有教育工作者不仅要深刻领会党和国家的教育方针，同时也必须深入学习人民教育家于漪这一"教育家精神"的典范样本，像她那样一辈子做教师，一辈子学做教师，以高尚的师德、深厚的学养、卓越的教学能力和"用生命歌唱"的深情，深深扎根在教育实践的沃土，描绘教育的美好画卷，创造教育的美好明天，推动教育的高质量发展，为中华民族伟大复兴奉献智慧和力量。

（责任编辑：汪海清）

心之所向，行之所往

吴蓉瑾*

写这篇文章前，我又翻看了多年前的笔记，查看了自己的朋友圈。认识于漪老师已很多年，她的话，她的文，都如春雨般浸润在我的心田。她的很多做法，至今深深地影响着我。

潜精研思，重视每一次教学过程

初为人师，一次教工大会上，我看了于漪老师的课，当时的感觉是极其震撼的，尤其是她说到每一节课，即使是同样的课文，每次教学前都会重新思考，没有一节课是上得一样的。而那时，我是第一次听到于老师讲述她的三次备课过程。第一次备课不看任何参考书和资料，全凭自己的理解对教材进行一次整体把握。第二次备课广泛收集各种参考文献资料，看看名师、教育专家是如何授课和对教材进行分析的，同时思考三个问题：哪些问题参考材料上想到了，我也想到了？哪些问题参考材料上想到了，我没想到？哪些问题参考材料上没有想到，我想到了？第三次备课是在上一个平行班之后，总结经验，进行教学反思之后再备一次课。这样的备课模式深深印入了我的心里，我借来于老师上课的录像，一节节学习，一段段品味，一次次被感动。精彩的课堂，能把学生牢牢吸引住的课堂就是这样锻造出来的。

这些年，无论怎样忙碌，我都深爱且坚持站在这三尺讲台授课，也在努力尝试，即便拿到同样的课文，依旧会像初拾课本那样认认真真地钻研，力争我的课堂上能让学生"学有所得，情有所归"。成为学校管理者后，我开始研究"三三制"备课制度。卢湾一中心小学的"三三制"备课除了在教学目标上坚持知识点、技能点、情感点，在教学手段上分传统式、现代式和个性化，在备课阶段上则参照了于老师的三个阶段。第一阶段：集体备课。

---

* 吴蓉瑾，上海市黄浦区卢湾一中心小学党支部书记、校长，特级校长，正高级教师，2021年获中宣部授予"时代楷模"称号。

主要落实对教材的理解分析,充分发挥教研组的作用,对教材文本进行解读分析,提出备课思路。第二阶段:个性修改。根据预设的教学计划结合本班班情作出调整,进一步完善教案,确保每个班级都能享受到最佳的教学。第三阶段:课后反思。教学后记录下过程中出现的闪光点和不足,即刻反思以求取得最佳的教学效果。"三三制"备课,既发挥了资源共享信息量大的优势,也调动了每位教师的智慧和积极性,实现了优势互补,使教学计划更为完善,为学生提供了相对优质的教育。

于漪老师近两千节公开课,行云流水,情感充沛,每一节课打磨的背后透着匠心独运。她执着的精神追求和精湛的教学艺术,吸引、打动着每一个观课者,我永远是学习者,心之所向,行之所往。

树魂立根,重视每一处教育细节

我曾多次在于漪老师的讲话中听到"国家""民族",那是因为于老师有着强烈的使命感和高度的责任感。她说:"教师最根本的是自己心中要有共产主义旗帜飘扬,对党对社会主义要满腔热情满腔爱,坚信共产主义一定能实现。""教师胸中要有一团火,在任何情况下都要朝气蓬勃,对学生有感染力、辐射力。"她提出育人要育心,浇花要浇根,要培育学生树热爱党、热爱社会主义、热爱祖国这个"魂",立爱国主义为核心的民族精神这个"根",为学生全面发展奠定坚实的基础。

如何让共产主义的旗帜飘扬起来?如何让胸中的那团火燃烧起来,且长燃不熄?我一直在思考于老师的话,怎样才能于细节入手,于实地实践。我们是毗邻中共一大纪念馆的一所公办小学,2006年学校正式成立了全国第一个由孩子们自发组建的中共一大纪念馆小小讲解员社团,名为"红喇叭",希望借由他们这一个个"小喇叭"把党的故事讲给更多同龄人听,把红色基因一代代传承下去。社团不断壮大,已为中共一大纪念馆培养了两千多名"小小讲解员",更是推出了普通话版、英语版、连环画版、沪语版和快板版五种少年儿童喜闻乐见的中共一大纪念馆"儿童版讲解词"。兴业路上的纪念馆留下了几千名小小讲解员的童年记忆与成长足迹。如今,最早的那批"小小讲解员"们早已走上了工作岗位,有的也已为人父母,而他们身上在中共一大纪念馆里烙上的红色印记始终未变。

十八年来,回首来时路,于漪老师的教导言犹在耳,每一个教育细节都是我们丰富的资源,都能成为我们实践的起点。帮助和引导少年儿童扣好人生第一粒扣子,卢湾一中心小学学子坚持涵养家国情怀,赓续红色血脉,将一直持续下去,我们的"中国人过中国节""约会劳模、感动你我""好书伴我共成长"等系列活动也将持续下去。我永远是学习者，心之所向，行之所往。

砥砺琢磨，重视每一个历练机会

于漪老师注重在一线的耕耘，同样关注青年教师的培养，她用自己的实践告诉我们，一辈子做教师，一辈子学做教师。尽管她年事已高，但是只要有听课任务，她总是早早地到达现场，在听课过程中认真记录，在之后的评课环节，她那带有深厚文化底蕴、精准到位的点评常常让人沉醉其中，受益匪浅。

记得在几年前的一次"中华传统文化优秀基因现代传译课程"发布会上，我的两个同事，潘蕴玉老师上课，贺春秋老师说课，我在一旁听着，看着于漪老师听课时的专注，时不时会心一笑，或是频频点头，或是与旁边的嘉宾交流。我的心中非常感慨，作为一线教师，能够请于漪老师听一节课，评一节课，是何等荣耀！记得2008年时我曾经也期盼有这样的机会，当时"两纲教育进课堂"，我准备的课是《扬州茶馆》，得知于漪老师可能来听我上课，我激动极了，那次的备课用了十二分的心，度过了一个个难忘且难熬的夜晚。后来尽管也是市级展示课，但由于其他原因，于老师没有来，课上得很顺利也得到了好评，可我的心里总是空落落的。请于老师听一节我的语文课，提出中肯的批评，成了我的愿望，所以我仍然在自己的一亩三分地努力着，热切地期盼着。

多年过去了，尽管愿望尚未实现，但是那天我的两个同事有幸得到于老师的指导，让我动容不已。那天，年近九旬的于漪老师评课，无论我们怎么劝，她仍坚持站着讲话。从我踏上教师岗位那年起，直到今天，于老师年事渐高，但是只要一上讲台，她就立刻眼睛发亮，容光焕发，说话一如既往地抑扬顿挫……她一字一顿地告诉我们好课，深入人心的课就是这样钻研出来的，我们所讲述的内容要直抵学生内心。那天，我在一旁听着听着，心中的敬意涌上心头，涌入眼眶，化成了感动的泪水。活动结束，我恳请于老师和潘蕴玉、贺春秋老师留下两张珍贵的合影，那节多年来没有被她听的课留存的遗憾，在这一刻完全化解了。

她对青年教师的扶植与鼓励，让我们难忘，在后来的日子，我们依旧会回想起那天的课堂，重视每一次历练的机会，不停脚步，拔节成长。我永远是学习者，心之所向，行之所往。

与时俱进，重视每一轮深度思考

于漪老师，鲐背之年，时光在她的身上留下了深深的印记，但却从未磨灭她心中对知识的渴望和对教育事业的执着。她依旧坚持学习，从未停下探索的脚步。在她看来，学习是一生的事业，无论处于人生的哪个阶段，都应保持对新事物的好奇心和求知欲。她以年迈之躯，孜孜不倦地阅读书籍、查阅资料，不断充实自己的知识储备。她的书房里，堆满了各种书籍和文献，那是她知识的宝库，也是她精神的寄托。每次去探望于老师，总见她的案头放着手稿，每个字都经过她反复推敲，不断思考。

她曾经动容地告诉我，孔子三千门生，可见教师学在中国起源甚早，中国拥有自己独特的教师学理论与实践。自古以来，中国的师者就肩负着传承文化、培育人才的重任。从孔子的因材施教、有教无类，到无数古代教育家的智慧结晶，都为中国教师学奠定了深厚的基础。于老师致力于挖掘这些宝贵的传统，将其与现代教育理念相结合。她以执着的精神和严谨的态度，梳理中国教师学的发展脉络，为当代教育提供了重要的参考和借鉴。每每谈到这里，她的眼睛都在发光，专注听着的我也不由随着她的慷慨激昂而心潮起伏。

不禁回想自己实践的历程，从二十年前起步的情感教育，到后来数智技术的实践，再到情感教育与数智技术双驱动助力小学育人模式的探索，充分发挥数字技术、人工智能与教师智慧的综合效用，人技结合，优势互补。我曾经说想用三十年来打造我们的"云课堂"项目，十年搭框架，十年注血肉，十年融情感，当年提到时豪情万丈，而后来，每次看到于老师直到现在依旧笔耕不辍，依旧在深入学习、研究，钦佩之余更是提醒自己，教育事业关乎学生成长，关乎国家未来，怎是三十年可以穷尽？唯有脚踏实地，持续前行。我永远是学习者，心之所向，行之所往。

到今年，我工作已经三十个年头，从一个青涩教师入门，到研究教学入心，关注育人入微，探索发展入境，师生成长入情，再回归自省修身入静，每一个阶段，每一份体验中，于老师都仿佛指路明灯般指引着我。感恩于老师，牢记于老师所说"教育，一个肩膀挑着学生的现在，一个肩膀挑着国家的未来"，我愿意为之奋斗终身，无怨无悔。

（责任编辑：汪海清）

办好学校是校长的天职

卞松泉*

办好学校是校长的天职。校长要办好学校必须有一种敬业精神，这种精神就是"教育家精神"。只有用教育家精神办学，才能把学校办好。在我几十年的教育生涯中，得到过许多教育界前辈的帮助和指导。在我心中，他们都是为教育奉献一生、办学有成的教育家，或者是教育家精神办学的践行者。其中对我影响和帮助最大的是人民教育家于漪老师。我们同在上海市杨浦区教育系统工作，在我30多年的办学过程中，多次听过于漪老师的报告，其中有"语文特级教师于老师的讲座"，有"第二师范学校于漪校长如何办学的讲座"，有杨浦高级中学名誉校长于漪老师"今天我们怎么做老师"的讲座，等等。我也读过于老师的许多专著，和于老师有过很多交流，也请于老师来我们学校做过如何培养好老师的指导，来我的上海市名校长培养基地做过"如何做个好校长"的讲座。许多年来，于漪老师教书育人的教育思想和教育实践给了我很大的启发和帮助，她几十年教书育人，几十年爱生如己出，几十年不断地学习、思考、实践、总结、提高，体现了一位师者的师道和师魂、勤勉和追求、智慧和风范。于老师说，她一辈子做教师，一辈子学做教师。跟于老师交流总是很充实，很愉快，因为她说真话，也做实事。她为教育发展"鼓与呼"，热情鼓励和帮助中小学教师和校长提高教育教学和学校管理水平。有一次，她和上海市教委领导及其他教育专家来我们学校评价"上海市见习教师培养基地"的工作。她听了汇报、看了材料、听了课，并与老师座谈交流后说："打虎山路第一小学是真做实干的，教师队伍是优秀的，校长是有教育思想和教育情怀的，所以学校办得非常好。"于老师的肯定，使我和我的同事们都很受鼓舞。2022年教师节，我去看望于老师，她也依然谦逊地说自己只是一位老教师。几十年来，她热爱教育事业，对学校教育有深厚的感情，对教书育人有一种使命感。在她的教育生涯中，学生教育和课堂教学的许多情景依然历历在目，许多办学的经历

---

* 卞松泉，上海财经大学附属杨浦区国安路小学校长，特级教师，正高级教师，上海市特级校长，上海市教育功臣。

仍然记忆犹新。拜读于老师签赠我的专著《点亮生命灯火》，字里行间，于老师对教育的情怀扑面而来，教书育人的精神令人感动。于老师许身孺子成伟业，无愧于"人民教育家"的光荣称号。

我们崇尚教育家精神办学，就应该向于老师学习，以于老师为榜样，把教师培养得更好，把学生教得更好，把学校办得更好，才能无愧于学生的成长和教师的发展，无愧于国家和时代的重托。所以，以"教育家精神办学"是很值得我们去学习和研究、去实践和思考的，这是"行动研究和实践"的重要课题。在此，我想结合自己几十年的办学实践，谈几点体会。

学生最大，老师最好

教育应该立足当下、面向未来。现代学校教育应该将品德教育、素质教育、学业成绩并重，缺一不可。好学校应该培养好老师，好老师才能教出好学生。"学生最大，老师最好"，就是践行教育家精神办学的核心思想，也是我们的办学理念，体现在我们"人文校园，和谐共生"的具体办学行为中。

学校教育的核心是"立德树人"，这是毋庸置疑的办学目标，具体到每所学校，会有不同的办学理念和方式方法。我们把"立德树人"的办学目标体现在学校的校训中，我们的校训是"自励、至善、致远"。"自励"是培养学生自觉自励，自己的事情自己做，学会自我管理；"至善"是教育学生心地善良，同情弱小，关心他人，友爱互助；"致远"是教育引导学生胸怀大志，有责任有担当，为国家未来培养忠于祖国的建设者。我们把校训的含义体现在学校日常的教育教学活动中，"潜移默化、润物无声"地渗透在学校办学的人文环境中。一个人小时候、小学阶段的教育会在他一生中留下深刻的印象，从而也会影响他的人生。我们希望学生将来都能成为对国家、对社会有用的人，而不是"精致的利己主义者"。"学生最大，老师最好"，学校教育就是为了成就学生的梦想，学生圆梦了，教师也就实现了自己教书育人的职业梦想。只要我们用心培养学生的好品德、好习惯、好成绩，培养他们多方面的兴趣爱好和动手动脑的能力，我们的学生将来一定会有出息。

好学生需要好老师教，好老师的重要品质是"人文素养"，这是师德师魂的内涵，也是教师的专业基础。教师有了良好的人文素养，就会做到专业自觉。我们通过"人文校园"建设，培养教师的人文素养，主要包括文化、智慧、方法等几方面。教师和校长都应当做文化人，做有人文素养的人。尊重学生和教师权益，关心学生培养，关心教师发展。教育智慧不只是一种才能，它是师者的觉悟，是一种开阔的胸怀与眼光，也应该是一种比较大的格局。作为小学教师，做到智慧与童心相伴，始终怀有童心、童趣、童真，会有与儿童结伴成长的快乐。办学的方式方法包含着思想与智慧，包含着对教师和学生人文的关爱和个性的尊重，有这样的前提，我们才能把学校办得更好。所以，我们重视形成良好的人文校园的氛围，尊重教师的职业尊严和人格尊严，培养教师的职业自觉性。在我们学校文化里，有这样四句话已经成为激励教师职业自觉的共识。

第一，在群体中有一定的影响和地位。教师每天的工作很平凡，但平凡不能平庸，更不能贫乏。教师要在群体中与人合作，要在群体中有影响、有地位，这就需要教师工作做到自觉和努力，这是学习思考的自觉，是实践与反思的努力。教师的自觉和努力能给学生带来学习的充实与快乐。

第二，在工作中做到勤奋与自励。教师职业的特点也是"教、学、做合一"。有了这样的教师，自然就会培养出努力用功的学生。培养教师自励与自律的"专业自觉"，会给教师带来良好的工作心境和积极进取的良好表现，也有助于教师从"小我"成长为"大我"。

第三，在人际交往中做到坦诚与合作。学校鼓励教师团队之间的积极合作，能够智慧共享、经验共享、资源共享、收获共享。倡导教师间的坦诚与合作，学校办学就能形成"好环境、好心情、好经验、好氛围"。

第四，在利益面前保持理智与淡泊。学校管理中有不少政策性的利益机制，有时也关乎教师的切身利益。我们一方面倡导利益面前的理智与淡泊，另一方面也积极创造让每个教师展示才能的机会，教师们互相学习，彼此欣赏，心悦诚服地为别人喝彩。

现在，学校里青年教师越来越多，给学校教育带来了勃勃生机，没有青年教师的成长，就没有学校的持续发展。在我们学校，青年教师培养是浸润式的培养，他们浸润在人文校园的氛围里，体现在"四个结合"的学校工作中，即"学习业务与学习做人相结合，培养能力与创造机会相结合，严格要求与宽容理解相结合，努力工作与个性自主相结合"。许多青年教师已经"小荷初露"尖尖角，成为青年骨干教师。

教师专业自觉有两个标志：一是真诚、善良、美好，二是人文素养和专业能力。这是我们培养教师的重要认识和有效实践。

课堂教学，减负增效

既然做教师，就要上好课。这是教师的本分，是教师专业发展的基本要求，也是教师教学水平和专业素养的体现。一堂好课，应该让学生受益，学生在学懂的情况下，就无须通过很多作业去巩固。所以，课堂教学应该做到减负增效，应该提高教师的教学能力，让教师知道"上好课是硬道理"。有人把课堂教学看作是教师的"作品"，学科的知识点和学生的灵动性融合生成，教学相长，尽显生动和美丽。这在一定意义上，就是课堂教学的"好作品"。对课堂教学的研究和评价，许多教师和行家们多有见解。一堂好课往往能体现出教师的师生情感、知识底蕴、教学方法，能感受到学生学习的乐趣和收获，这就是课堂教学"作品"的成功之处。我在工作中会经常走进课堂欣赏教师课堂教学的"作品"，也经常欣赏到教师的"好作品"，当然，也会看到"作品"的问题和不足。但凡一位教师明白了"上好课是硬道理"并努力实践，就不断会有课堂教学的"好作品"出现。

于漪老师说自己"一辈子做教师，一辈子学做教师"。在《点亮生命灯火》中有于老师当年教学《七根火柴》时的教案。这可谓是于老师课堂教学的经典作品。于老师研读教材，根据学生对红军长征经历不了解的学情，抓住关键词，用循循善诱的语言启发学生，设计的问题步步深入，帮助学生进入课文描述的情景，引导学生展开思考和想象。整个教学过程有让学生身临其境的感觉，主人翁"无名战士"奄奄一息又充满革命意志的形象也仿佛出现在学生面前，使学生深受英雄主义精神的感染。我读着教案，字里行间让我似乎觉得也在课堂听于老师上课，分享于老师的教学智慧，感受于老师课堂教学的生动和精彩。

我们让教师明白上好课是硬道理，但是硬道理必须讲道理。所谓讲道理就是讲理念、讲方法。我们组织教师学习于老师教育教学的好思想、好方法，也经常组织校内外特级教师、骨干教师、优秀教师的教学交流活动。凡是教学有成的好老师，都非常重视教学理念和方法的学习与实践，在课堂教学中也往往能体现出很好的教学智慧和教学效果，还有好的教学经验，值得大家分享。

我曾经多次聆听于漪老师谈课堂教学的体会。于老师深知上好课的道理，关于每堂课的设计，她经常会这样思考："我怎么用精彩的导语激发学生兴趣，然后一堂课应该怎么铺开，怎么发展，怎么起高潮，怎么收尾？"她对教学的每个环节都用心考虑好，所以于老师的课堂教学导入生动有趣，问题设计循循善诱，课堂语言简洁明了，有时还很幽默，她的课激发了学生学习的积极性，培养了学生对学习的浓厚兴趣。于老师深知上好课是硬道理，所以于老师的课堂教学尽显智慧。

为了帮助教师上好课，我们鼓励教师在三方面修炼内功：一是专业知识的不断学习和积累；二是好的教学理念和方法的学习与借鉴；三是丰富自己的人文素养，提高与学生结伴成长的职业自觉。

教育求真，务实行远

学校教育其实并不复杂，孔子的教育思想延续至今，已经两千多年了，也并没有过时。例如："有教无类""因材施教"是教育公平和"个性化"教育思想；"学而时习之""温故而知新"讲的是学习方法；"三人行，必有我师"说的是团队合作、取长补短；"学而不厌""诲人不倦""教学相长"讲的是怎么做教师。如今，虽然社会发展对学校教育不断提出新的要求，但是教育的根本原理并没有过时，学校教育遵循教育规律，做到传承与发展，坚持与时俱进，其实也并不复杂。

学校教育中，校长、教师、学生的任务不同，做到各司其职，学校才能越办越好。办好学校是校长的天职。校长要贯彻落实国家的教育方针，依法依规办学，要培养一支优良的教师队伍，培养更多合格和优秀的学生。教师的职责就是教书育人，通过具体的教育教学方式，引导学生好好学习、天天向上。学生上学的主要任务是学习知识、培养兴趣、动手动脑、培养能力、懂得道理、树立理想。学校办学虽然头绪多、任务重，只要我们学会"用简单的方法做正确的事情，用正确的方法做该做的事情"，就能做到"明明白白办学校，踏踏实实教学生"，就能办出好学校。这也是校长践行教育家精神办学应该有的办学"定力"。

好多年前，我们学校提出了这样的办学要求："学生成绩好一点，作业少一点；学校生活丰富多彩一点，学生学习充实快乐一点；师生关系和谐亲切一点，学生成长幸福快乐一点。"学生来学校读书，是来学习文化知识的，他们是要"考学"的，所以需要好的学业成绩，但是作业不能太多，需要减负增效，这就需要教师研究和掌握好的教学方法，"既要马儿跑得快，又不能让马儿乱吃草，应该让马儿合理吃草"。十多年前，我们研究实施了"基准备课""基准教学"的教学方法，这是学生成绩好、作业少的好方法，不仅获得了专家、学者和同行的称赞，也获得了科研一等奖。学生来学校学习，需要获得德智体美劳的全面发展，不是专门来"刷题"的。丰富多彩的学校生活才能使学生得到协调发展，心智也能得到良好的培养。我们学校近三十年来，既严格落实国家课程，又积极开发校本课程，双管齐下，学生得到了很好的成长，学校也赢得了很好的办学声誉。学生有了良好的学习成绩，有了丰富多彩的学校生活，还需要有良好的师生关系。老师关爱学生，学生喜欢老师，师生结伴成长。学校有了和谐的师生关系，办学才能取得更好的实效。

培养好教师是学校办学的重中之重，我们教育教学的研究与实践一直是"进行时"，成为学校办学的常态，教师能力的培养一直是"现在时"，教育教学的每个环节不做"无用功",都是教师专业发展的过程。"与学生结伴成长""关心学生研究"等研究课题一直融合在我们日常的教育教学工作中,我们出版了教师文集《做老师是快乐的》《同学们好,老师好》《关爱学生就是关注细节》《上好课是硬道理》等,既是师生成长,也是办学成果。

理性办学,避免折腾

我国基础教育伴随国家40多年的改革开放,取得了突出的成就,大国大教育得到了长足的发展。但是也难免出现以教育教学改革的名义的浮躁和折腾,出现了搬弄理念喊口号、跟风应景搞教育的形式主义;有以课题研究名义的乱命题瞎研究、假创新真折腾;有名目繁多的课堂教学改革,如颠覆课堂、唤醒课堂、激活课堂、灵动课堂、智慧课堂、互动课堂、转型课堂、高阶课堂、2.0课程、4.0课程,不一而足。出现了理念层出不穷、口号此起彼伏、课程重于教学、评比成为常态的"忽悠"和"折腾",很多教师和校长跟着不停地转,有时找不着北。此外,各种培训、办班、进修不断,教师奔忙打卡,不少教师和校长,出了这个"进修班",又进那个"研究班",经常不在学校上班。对于此类现象,于漪老师曾这样批评:"一讲到教育改革、课程改革、课堂教学改革,铺天盖地都是各种教育理念和术语,一时成为教育时尚,甚至还形成了以西方教育理念改造中国教育的气氛。有些独立思考的教师说,这样下去,不是教学内容和教学方法的问题,连思维方式都要改变了……"

不仅如此,学校办学也受到了外部的干扰。几年前,中共中央办公厅、国务院办公厅印发《关于减轻中小学教师负担进一步营造教育教学良好环境的若干意见》,批评了这些现象并要求改正:"各种督查检查评比考核等事项名目多、频率高;各类调研、统计、信息采集等活动交叉重复,有的布置随意;一些地方和部门在落实安全稳定、扫黑除恶、创优评先等工作时,经常向学校和教师摊派任务。这极大地干扰了学校正常的教育教学秩序,给教师增加了额外负担。对此,必须牢固树立教师的天职是教书育人的理念,切实减少对中小学校和教师不必要的干扰,把宁静还给学校,把时间还给教师。"党中央、国务院发现了干扰学校正常教育秩序的问题,提出了批评并要求纠正,相信我们的办学环境会越来越好。

但是这些问题由来已久,我们不能坐等这些问题都解决了再办学。"学生天天要到学校读书,老师天天要为学生上课",校长需要有更多的时间和精力管理学校,既要防止干扰,又要把学校办得更好,所以,校长的理性思考和应对方法很重要。对此,我们提出了应对干扰的指导思想和对策:"学生、教师、家长,以人为本细心做;备课、上课、作业、学业成绩扎实做;课程、教材、教研,跟着高人认真做;行为、秩序、安全,防患未然预防做;开会、培训、交流,借鉴别人经验做……"多年的办学实践,我们的学校管理团队和教师已经能够比较理性、比较明白地做好学校"这点事",能够使教师安心教育教学,使学生学习天天向上。只要我们在办学中努力这样做,也能多一点地把"时间给教师,安静给学校"。

教育家精神就是教书育人的敬业精神,是传承国家和民族千秋大业的师道师魂,是贯彻德智体美劳教育方针、促进学生全面发展的专业精神,是遵循教育规律和人的成长规律的科学精神。以教育家精神办学,应该有求真务实的思想和科学发展的理念,应该懂得"天生我材必有用""条条大路通罗马"的道理,应该明白"人有多元智能"的理论,积极探索"跳一跳摘苹果"的教育理念和方法,这样,办学才能取得实效,学校教育才能行远。

(责任编辑:李玮)

从于漪老师身上看教育家精神

程红兵*

2010年前后，教育家办学的提法在当时的教育界引起了很大的反响，积极鼓励校长、教师成为新时代的教育家，积极推进课程改革、提高教育质量，产生了比较大的社会影响。随着时间的推移，人们逐渐发现，单纯从办学的角度而言，一般教师是没有办学的权力的，校长才有办学的权力，因此教育家办学大概率指的是校长办学，具体说就是校长中的优秀分子办学，这样一来无形中就把广大教师置于教育家行列之外。

教育内外，上上下下，也就教育家的内涵作了反复的论证讨论，说法不一，定义不同，但在实质上还是将其指代教育者中的优秀分子。堪称"家"的，一定是有非比寻常的贡献、非比寻常的成就、非比寻常的影响。这固然有表彰激励杰出的教育工作者的意义，但也无形之中拉开了普通校长、普通教师与教育家之间的距离，让他们觉得教育家是高不可攀的。这其实也是一种悖论，既然被称为"家"，必然是非同寻常，而非同寻常，那一定远离常人。这个结一时半会儿不好解开。

现在谈"教育家精神"，一定程度上就避免了上述提法的尴尬。"教育家精神"，并不要求教育工作者个个都成为教育家，也并不会把广大教师置之度外，无论普通教师还是优秀校长，都应该学习教育家精神，弘扬教育家精神，光大教育家精神。由此看来，教育家精神的提法是相当严谨的，也是十分有意义的。

教育家精神的当代模范

那什么是教育家精神，从哪里寻找教育家精神？很显然，教育家精神主要从教育家身上去寻找。虽然一般优秀教师身上也会有教育家精神存在，但毕竟教育家身上更集中地体现了教育家精神。谁是教育家？被大家公认的教育家，中国古代有孔子，近现代有陶行

---

* 程红兵，上海金瑞学校总校长，金茂教育研究院院长，特级教师、特级校长。

知,美国有杜威,苏联有苏霍姆林斯基,他们以卓越的教育思想,以执着的教育行为,以辉煌的教育成就,以宝贵的教育经验,以深刻久远的教育影响,堪称教育大家。但或因时代距离较远,或因背景环境差异较大,这些教育大家便于远观,不易于近学。中国当代教坛有党中央、国务院颁发"人民教育家"称号的于漪老师,她与广大教师、校长几乎同处于一个时代,当下所处的现实背景完全相同,所遭遇的教育问题也有诸多类似,所以学习于漪老师的教育事迹,研究明确教育家精神的基本内涵,是比较可行的路径。我曾经做过这样的学习和研究,也得出了一些基本的结论。

于漪老师身上所体现的教育家精神,我用以下一些话语来概括:人不能识之我则识之,这是一种见识;人不肯为之我则为之,这是一种信念;人不敢为之我则为之,这是一种魄力;人不能为之我则为之,这是一种才智;人不能忍之我则忍之,这是一种气度。

涵养育人智慧,凝结教育见识

于漪老师的见识体现在她的许多文章当中闪现的教育思想火花。"胸中有书,目中有人",这是于漪老师的教育观、学生观;"要有所为,有所不为",这是于漪老师课堂教学目标的精当表述;"教在今天,想到明天",这是于漪老师立足今天着眼未来的教育思想;"身上要有时代的年轮",这是于漪老师与时俱进教育理念的体现;"立体化施教,全方位育人",这是于漪老师的教育教学追求;"缘文释道,因道解文""文道统一,以道育人""教学不是一次完成的",这是于漪老师对教育教学连续性、层次性、阶段性、复杂性的充分认识。

于漪老师的见识更体现在于基础教育、语文教学发展的重要关头,她总是发出正确的声音,面对一些争论不休的问题总是能起到一锤定音的效果。1978年刚刚从"文革"中走出来的人们多认为语文就是语文,不要把政治混进其中。上海教育出版社曾召开专题会议,当时有不少人由否定思想政治教育进而否定人的教育。于漪老师在会上大声疾呼"既教文又教人",旗帜鲜明地倡导语文教学的育人功能。20世纪80年代初,有人提出"初中三年语文过关",于漪老师表示强烈反对,她认为高中放弃语文,后患无穷。20世纪90年代,对于语文学科性质工具性、人文性的争论,于漪老师强调语文学科性质应该是工具性与人文性的统一,她在《语文学习》上发表《弘扬人文 改革弊端》,直接影响了语文课程标准。进入21世纪,面对当下基础教育出现的问题,于漪老师呼吁基础教育应该为孩子们树魂立根,积极倡导并推进民族精神教育和生命教育。

躬耕教学实践,坚定教育信念

于漪老师的信念体现在她一生的教育生涯之中,从历史教师到语文教师,从班主任到年级组长,为了把乱班带好,她说破了嘴,跑断了腿,把一些问题学生带回家进行教育。她的信念体现在她所上的2000多节公开课,她是在用生命歌唱。于老师自己的儿子患败血症,但第二天她照常上课,没有为家里的私事请过一次假,脱过一节课。

她的信念还表现在她担任校长,担任上海市教师学研究会会长,担任国家教材审查委员,担任上海市名师基地主持人,无数次地审读教材,无数次地撰写文章,无数次地开报告会、座谈会、各级各类语文研讨会,组织各种语文竞赛,编写各种语文教学指导书,审读宣讲课程标准,传播新课程理念。

于漪老师年已95岁高龄仍在歌唱,今天她仍然是课程改革的积极推进者,在她身上燃烧着红烛精神。

勤学笃行,贡献教育才智

于漪老师的才智体现在她的教学实践上,她是上海市首批8名特级教师之一,上海教育学院的张撝之教授曾称道于漪是"没有固定模式的特级教师"。这是对于漪老师审美的语文教育思想最聚焦的概括,正因为主张审美的语文教育思想,所以于漪老师的语文教学是艺术化的,是没有固定模式的。滕英超在其编著的《中学语文教坛风格流派录》一书中,对于漪老师审美的教学风格作了比较具体的阐述:"于漪的教学不是一色的普通石子,而是斑斓的雨花石;不是单片的颜色浅淡的桃花和梨花,而是重瓣的五彩缤纷的月季和牡丹;不是玲珑小巧的盆景,而是巍峨壮观的大山。""在教学中,于漪讲究'声情并茂,熏陶感染',你不能因此就说她就是'情感派';于漪曾提倡'兴趣是学习的推动力',你也不能就此认定她是'兴趣教学'……她虽从传统教学中走来,但并不墨守成规,在她的教学中确实融入了不少新东西;你看到于漪教学中讲思维训练,有'引进'的教法,便认为于漪教学是完全抛弃了传统教学的'现代派',也不全面;事实上,于漪在她的教学中,没有排斥传统的精华。于漪的教学,可以称得上是多风格教学,她继承了传统教学中有生命的东西,也吸收改革中的新经验,特别是外国的有价值的东西。在教学实践上,她是多面手,有讲有练,善诱导,会指点;既注重教书,又注重育人;既强调感情教育,又不忽视思维训练。"[①]

---

① 滕英超. 中学语文教坛风格流派录[M]. 沈阳:辽宁教育出版社,1994:82-83.

戴前伦教授在此基础上又作了进一步的研究，他认为于漪老师的课堂教学结构的最大特点是教无定法、学无定式、变化多姿，他称这种没有固定模式的个人教学风格为"无恒的课堂教学模式"。具体说来主要体现在两个方面：不同的文体采用不同的教法，同一文体变化不同的设计。[1]于漪老师多风格的语文教育实践所表现出来的语文教育思想正是一种审美的语文教育思想，全国中语会原理事长刘国正听了于漪老师的课之后，深有感慨："我坐在学生中间，思想化到了讲课中去，忘记了自己是听课者。有人说，听于老师的课，是一种艺术享受，是的确的。"刘老师的话说出了许多人的共同感受。因为于漪老师的语文课堂教学集中而鲜明地体现了一种审美的语文教育思想。于漪老师的课堂教学，是她按照一定的审美观念、审美趣味、审美理想，充分发掘施教媒介的审美因素，向学生施以审美影响，从而开启其内在情智的一种最优化的美的语文教育活动。正如于漪老师自己所说："语文教学中美育的任务也很明确，培养健康高尚的审美情趣和一定的审美能力。中学语文教学把发展学生感知美、理解美、欣赏美、创造美的能力作为基本任务之一。语文教材中有丰富的美育因素，自然美、人文美、语言美，无处不在。有意识地给学生以熏陶，能使学生情操高尚起来，对学习对社会有正确的、健康的、积极的追求。千万不能小视语文教学中的审美功能。……语文教学中如果忽视或抽掉美的熏陶，将会苍白无力，失去育人的作用。"[2]

　　于漪老师以她的语文教学来实践她的教育思想，不止步于"传道、授业、解惑"的认知常态。她的语文课堂教学注重认知规律与美学规律结合的创造性运用，以丰富多彩的教学形态和美感的多渠道诱发，来诉诸学生的智能结构和审美意识，通过师生双边活动巧妙安排与编织，把语文课堂教学智力内容与施教手段的审美形式结合起来，化抽象为形象，化平淡为神奇，化枯燥为魅力。这不仅使教的活动成为审美对象，而且使学的过程也具有了审美的品位。具有美的风格，总体倾向美的风格的多样性，可以是朴素的美，也可以是华丽的美，可以是智慧的美，也可以是情趣的美。

　　于漪老师的才智也体现在她的教育研究上，体现在其出版的近千万字的著述中。于漪老师作为教师，她是优秀的教师；作为班主任，她是优秀的班主任；作为年级组长，她是优秀的年级组长；作为校长，她是优秀的校长。于漪老师的研究方式是很独特的，她的实践研究就是为了改进学校的教育教学，提高学校的教育教学质量的研究，从学校的实际

---

[1] 戴前伦.立体化施教　全方位育人——于漪语文教育改革评价[M]//赵福祺，刘冈.当代中国语文教育改革名家评价.成都：成都出版社，1993.
[2] 于漪.语文教学谈艺录[M].上海：上海教育出版社，2012：19.

出发，依托学校自身的资源优势、特色进行教育教学研究；就是"为了学校，基于学校，在学校中"的研究，研究课堂如何有效生动，研究教学的内容、目的、手段、教学模式及其建构、教学设计与实施、教学评价等，还研究课程，特别是校本课程的开发及实施。这样的研究以学校为基地，以问题为中心，以课程改革为舞台，以提升教育质量为目标，以教师发展为目的。于漪老师是来自一线的，带着教育田野的泥土味道，带着青草的芳香，不断地吸收阳光雨露，始终扎根在教育的沃土中，于是形成了于漪老师独特的研究思想，独特的研究风格：创新但从不偏激，公允但从不守旧；切合实际，适度超前。

胸怀天下，以文化人的弘道追求

于漪老师的气度格局体现在多个方面，特别是在"文革"中遭受多少次无情的打击、非人的精神折磨，她全部都忍受下来了。于漪老师面对学生、面对青年教师的要求总是作有为推断，相信他们一定会有所作为；面对教育复杂的问题总是作有解推断，而且总是身体力行地参与解决一个个纷繁复杂的问题；而面对自己总是作有过推断，大家都记得她说的"一辈子学做教师"的话，其实她还有一句话，说"我上了一辈子语文课，上了一辈子令人遗憾的语文课"，这就是她的胸怀。教育家的精神格局，除了看自己、看天地，他们还"看众生"。他们看到的是教育与世界、教学与社会之间的纽带；他们是以通过教育改良社会、增进人类的福祉为最高的目标；他们的眼界是对教育、对人类社会的历史和现状有深刻的认识，看到教育对社会的责任，对未来的意义。他们的信念是用教育改变国家，用教育改变社会，用教育改变世界。他们对自己的认识、对学校的认识具有历史的深度，不是看短期的成败、得失、荣辱，而是看十年前的自己、十年后的自己，在更大背景下思考学校教育的价值意义。教育于他们而言是一种信仰，值得为之付出一生的事业。

成就教育家精神的关键在哪里？魂在哪里？我以为是国家立场、国家情怀、国家责任。对伟大祖国的无限热爱是于漪老师的魂之所在，在她的灵魂深处埋藏着国家意识。抗日战争时期，中华民族到了最危险的时候，于漪的老师们用"心"在歌唱，唤起她幼小心灵的觉醒，"祖国、气节、亡国奴"这些词深深地留在她的人生字典之中；镇江中学校训"一切为民族"，镌刻在她的心中，成为她铸造师魂的基因。爱祖国、爱民族、爱家乡的教育，使于漪老师迈开了人生的第一步。

有些学校的校长沉浸在高考的分数当中不能自拔，说："语文有什么用？"面对这样一种功利的价值取向，于漪老师给予严肃的批评，她不是站在语文教师的立场上，而是站在一名中国人的立场上来考虑的。她说,"不重视母语的民族是愚蠢的民族,是可悲的民族";"为了对学生负责,对国家负责,高中语文课程必须定位为基础性课程";学生有了这份热爱民族语言的感情,"就会增强国家意识,增强文化认同"。同时,于漪老师也不遗余力地培养青年教师,在她的悉心培养之下一批青年教师茁壮成长,这是她在为国家尽一份责任。

几十年的风风雨雨,支撑于漪老师的是奋斗精神、爱国情怀、发自内心的感恩,这是一种国家情怀。有人评价于漪老师的人格包含忧患意识、开放心态、创新精神;有人赞扬于漪老师的人格美:崇高的信念,甘愿当一辈子的中学教师,为中华民族素质的提高奉献一切。这就是于漪老师伟大而朴素的爱国情怀,这就是教育家精神的底色。

(责任编辑:戴燕玲)

于漪教育教学思想转化应用的杨浦路径

周 梅*

2023年9月9日，习近平总书记在第39个教师节到来之际致信全国优秀教师代表，激励广大教师弘扬和践行教育家精神。这为新时代教师队伍建设指明了前进方向，提供了根本遵循。杨浦区通过分析人民教育家于漪老师的发展环境，透视其优秀品质，解析、转化和应用于漪教育教学思想，促进教师深度理解教育家精神的核心要义，培育区域教师的教育家精神。

于漪教育教学思想与教育家精神的会通

在我国教师群体之中，涌现出一批批教育家和优秀教师，他们具有心有大我、至诚报国的理想信念，言为士则、行为世范的道德情操，启智润心、因材施教的育人智慧，勤学笃行、求是创新的躬耕态度，乐教爱生、甘于奉献的仁爱之心，胸怀天下、以文化人的弘道追求，展现了中国特有的教育家精神。人民教育家于漪老师是实践和弘扬教育家精神的杰出代表，她用自己的实际行动诠释了教育家精神的深刻内涵，其教育教学思想全面、深刻地反映了人民教育家的精神风貌。

一是人才奠基：培养有一颗中国心的现代文明人。

教育要坚定为党育人、为国育才的使命，教师要"做学生奉献祖国的引路人"。于漪老师从国家战略的高度对教育的目标问题给出了掷地有声的回应：中国的基础教育，就是要培养有一颗中国心的现代文明人，要培养有中国自信、中国自尊的人，要培养能放眼世界、为世界和平付出的人，要培养能真正挺立于世界民族之林的中国人。于漪老师用实际行动彰显了人民教育家心有大我、至诚报国的理想信念。

二是使命意识：一辈子做教师，一辈子学做教师。

教师要坚定勤学善思、追求真理、锐意创新的职业追求，培养具有创新思维的优秀人

---

* 周梅，上海市杨浦区教育学院院长。

才。于漪老师"一辈子做教师,一辈子学做教师"的教师观体现了勤学笃行、求是创新的躬耕态度,强调了教师职业的崇高性、持续学习和专业成长的重要性,以及教师的责任感和使命感。她的教师观在生动鲜活的教学课堂之中得到充分展现,是毕生追求"学做人师"的勤勉不怠,更是镌刻在职业灵魂中"让生命与使命同行"的责任担当。她认为教育是一个不断发展更新的领域,教师需要不断学习进步,才能适应时代变化和学生需求。她强调教师要树立终身学习的观念,不断更新知识结构和教育理念,提高专业素养和教育能力。

三是德智融合:立体化施教,多功能育人。

于漪老师有着深刻的教育洞见和高超的教学艺术,她春风化雨、润物无声,引领学生身心全面发展。她的一言一行、一举一动,全面地展现了启智润心、因材施教的育人智慧。于漪老师的教学观在于"追求综合效应",始终强调学科教学应实践"全面育人"的主张,教学要服务于教育总目标。于漪老师在教学中重视立体化施教,教育不停留在平面、单一的知识传授上,而是从多角度、多层面审视和开展教育活动,确保学生在德育和智育上都能得到充分的滋养,包括课堂教学、课外活动、社会实践等多个方面。她还重视多功能育人,强调教育的多元性和综合性。现代教育不再仅仅是传授知识,更重要的是培养学生的综合素质和能力,包括批判性思维、创新能力、团队协作能力等多个方面。

四是教文育人:工具性与人文性相统一。

教师不仅仅是传授知识的"经师",还要努力做传道授业解惑的"人师"。于漪老师的学科观对胸怀天下、以文化人的弘道追求作出了恰如其分的解读,主要体现在她对语文学科性质的理解上,她认为语文学科具有工具性与人文性的统一。这一观点强调了语文学科既是一种交流工具,具有实用性和功能性,也是人类文化的载体,蕴含着丰富的人文精神和历史文化内涵。同时,于漪老师还强调语文学科具有综合性和实践性。综合性体现在语文学科与其他学科(如历史、哲学、艺术等)之间的相互联系和渗透;实践性则体现在语文教学需要与实际生活相结合,通过实践活动来提高学生的语言应用能力和综合素质。

五是目中有人:每个学生都是生命的发光体。

于漪老师认为要时刻把"人"放在第一位,用大爱书写教育人生,表达了乐教爱生、甘于奉献的仁爱之心。教育要面向全体学生,敬畏每个孩子的生命,用心倾听每个孩子的生命呼叫。师生之间应该是对话关系,这包含在教与学关系上的平等性、互动性、互补性。要充分激发每个个体的多元智能,绝不应局限于英才教导,片面追求培养优秀创新人才,时刻警惕落入"育分"而不"育人"的泥潭。

六是文化自觉：把教育回归育人，变成办学的追求。

于漪老师的管理观产生于校长任职实践之中，她曾担任上海市第二师范学校的校长，用三年时间将一所基础薄弱校跃变为全国先进校。如果要用一句话概括于漪老师的学校管理观，那就是"追求高尚的教育境界"。她要求学校将学生的全面发展作为办学的核心目标，将育人理念贯穿于办学的全过程，引导和支持教师树立正确的教育观和学生观，注重学生的全面发展，尊重学生的个性差异，关注学生的需求和兴趣，用爱心去关怀和引导学生，为他们提供个性化的支持和帮助，促进他们的自主成长和进步。这种境界不仅是对学校办学理想状态的追求，更是对教师、学生长远发展的责任与担当，淋漓尽致地展示了言为士则、行为世范的道德情操。

根据于漪教育教学思想区域转化与运用的运作机理，按照转化主体划分，区域将于漪教育教学思想的实践转化模式分为三种，即中介介入式、集体交互式和自我转化式。

中介介入：以项目研究涵养教育家精神

加拿大人文社会科学研究委员会提出的知识动员模型呈现了将新思想带入研究领域的一系列过程[1]，强调知识在转移转化过程中需要中介的引导[2]。杨浦区以教育部重点课题"人民教育家于漪教育思想区域转化与应用的实践研究"为中介，发挥项目的引导、支撑和推动作用，促进教师在研究和实践中感悟、吸收于漪教育教学思想。

在课题研究推进的过程中，区域遴选了八所涵盖各学段的试点学校（见表1），提供充分的知识资源和专家资源，鼓励试点校基于校情潜心研究于漪教育教学思想"六观"，立足真实问题与需求，探索转化应用多元路径，并通过搭建多元平台，展示试点校在认识深化、思想内化、行动转化方面的核心经验。

第一，开发知识素材，促进理解内涵意蕴。

区域汇集于漪老师个人著作、于漪教育教学思想相关专著，编写于漪教育教学思想转化与应用文献集和案例集，研制转化与应用实践方案、实践指南等，构建了于漪教育教学思想文献资源集（见表2），促进教师深入理解于漪教育教学

---

[1] 向野. 知识动员视域下教学理论的实践转化研究[D]. 武汉：华中师范大学，2019.
[2] LEVIN B. To know is not enough: research knowledge and its use[J]. Review of education, 2013, 1(1): 2-31.

表1 八所试点校及其实践研究主题

试点学校	学校类型	实践研究角度	实践研究主题
试点校1	幼儿园	管理观	自由成长与和谐相融 ——于漪教育管理思想在幼儿园管理实践中的升华研究
试点校2	幼儿园	学生观	幼儿园道德启蒙课例开发研究 ——基于于漪教育思想的应用
试点校3	小学	教师观	于漪式教师育德能力提升路径研究 ——基于"教育故事"校本研修的实践
试点校4	小学	教学观	小学中高年级语文以项目化学习开展单元主题性阅读的实践研究 ——基于于漪教育思想的创新型探索
试点校5	初中	教师观	于漪式青年教师画像研究 ——以T校为例
试点校6	初中	管理观	提升于漪式校长关键领导力的行动研究 ——基于S校长工作室研习课程的设计与实施的实践
试点校7	高中	教学观	德智融合课例开发与研究 ——于漪"教文育人"思想的深化与升华
试点校8	高中	学生观	于漪学生观引领学生发展的行动研究

思想的内涵意蕴。建设于漪教育教学思想视频资源库,为教师提供丰富的数字化学习资源。教师通过观看于漪老师纪录片、寄语主题视频等,以直观的方式了解于漪老师的先进教育事迹,进一步吸收内化于漪教育教学思想,深化体悟理解。同时,区域借助国家、市、区级教师培训课程,如"大力弘扬教育家精神""育德,滴灌生命之魂""育德意识和能力提升:新时代青年教师的专业修炼与成长"等,促进教师提升对自身职业身份与使命的深层认识,增强育德意识与育德能力。

第二,配置专家资源,助力探索转化应用。

区域为试点校配备优质的专家资源,由华东师范大学、上海师范大学等高校学者以及上海市教师教育学院等专业机构的研训员所构成的专家小组持续发挥学术支持和专业支撑作用,开展定期化、针对性指导,推动试点校稳步开展深度校本化实践研究,确保于漪教育教学思想转化与应用有序落实。在实践研究推进过程中,专家小组借助《于漪教育教

表2　于漪教育教学思想文献资源示例

文献资源类型	文献资源名称
专著	《岁月如歌》《于漪全集》《于漪教育教学思想概要》《师者于漪》《于漪教育实践百问选编》《于漪教育教学絮语集》《提升区域教师学科育德意识和能力的实践研究》等
文献集、文献综述	《"人民教育家于漪教育思想区域转化与应用的实践研究"学习研讨文献集》《"人民教育家于漪教育思想区域转化与应用的实践研究"文献综述》等
案例集	《学于漪，争做"四有"好老师——"争做'四有'好老师"案例征集活动杨浦区获奖案例汇编》《德智融合，滴灌生命之魂——全国"人民教育家于漪教育教学思想"高级研修班"德智融合"论文汇编》《播撒阳光　逐梦征程——"于漪教育教学思想"研究成果转化与应用的学校实践》《在于老师身边成长》等
方案、指南	《杨浦区推进"于漪教育思想区域转化与应用"的三年行动计划（2021—2023）》《"人民教育家于漪教育思想区域转化与应用的实践研究"区域转化与应用的实践方案（讨论稿）》《于漪教育教学思想区域转化与应用的实践指南（试行稿）》等

学思想区域转化与应用的实践指南》定期评估试点校研究成效，并对薄弱方面加强指导，提升于漪教育教学思想转化与运用的质量。在专家小组的支持下，试点校不断梳理提炼研究成果，形成典型案例，总结有效经验举措，生成可推广、可辐射的于漪教育教学思想转化与应用的方向和路径，提升了学校教师在日常教育教学中转化应用于漪教育教学思想的实效。

第三，建设活动展示平台，深化萃取实践经验。

试点校以课题研究为载体，采取项目驱动方式，将于漪教育教学思想融入研究与实践，并通过多样化的平台推动优秀经验共享，提升教师转化与应用于漪教育教学思想的能力。试点校深挖于漪老师"德智融合"的教学观，开展教研组集体研讨、"young"青年教师沙龙等研修交流活动，通过群体教研打造教师德智融合发展的知识交互平台。试点校以于漪老师的学生观为引领，构建了"三圈联动"的研究运行机制，将学生发展进行板块划分，学业、人际和职业发展三个教师小组各有侧重地展开研究，并通过各式平台进行交流展示，实现研究成果的有效转化和落地。教师在分享交互的过程中，提炼萃取于漪教育教学思想转化应用的优秀经验，实现集体专业成长。

集体交互：以共同体建设弘扬教育家精神

集体交互是于漪教育教学思想转化的重要途径，也是教育知识平台共享的主要手段，有助于教师在组织中共享和创建隐性与显性知识。杨浦区教育学院自2016年起开展区域教师研修课程建设相关研究，以区域研训人员、优秀教师为主成立教师研修课程研发团队，以课程建设为主要抓手，围绕区域热点难点问题开展团队研讨，汇聚集体智慧，通过课程开发、课程实施和课程成果辐射等路径将于漪教育教学思想转变为具体的教育原则、方法与策略，引领区域教师转变教育观念、改进教学方法。

一是建设研修共同体，创设思想碰撞的空间。

为突破区域教师培训的问题与瓶颈，互相汲取专业发展的精神力量，杨浦区教育学院与高校、市级教师教育机构等开展密切合作，搭建起包括一线教师、区教研员、高校专家、教师教育领域专家、学科专家等在内的多层次学习型研修共同体（见图1）。围绕一线教育实践中的真问题，形塑共同愿景，明确职责分工，勾连理论与实践，不同角色从自身角度理解、转化、应用于漪教育教学思想，为突破教育实践困境贡献自己的智慧，进而建设形成区级教师研修课程。

"这次研修活动给我带来了不同于以往的成长，以前都是被动地接受，而这次更多的是主动地吸收并积极地输出。"一位课程建设的参与教师如是说。研修共同体建设创设了思想自由交流碰撞的物理和心理空间，促进教师从"活动参与者"到"课程建设者"、从"个体自主发展"到"团队协同发展"的双重转向。教师作为"实践反思者"的主体意识逐步觉醒，形成教师"做中学、学中思、思中研、研中修"的学习氛围，每位教师都有了自己的学习榜样和学习伙伴，营造了合作共生的文化环境。

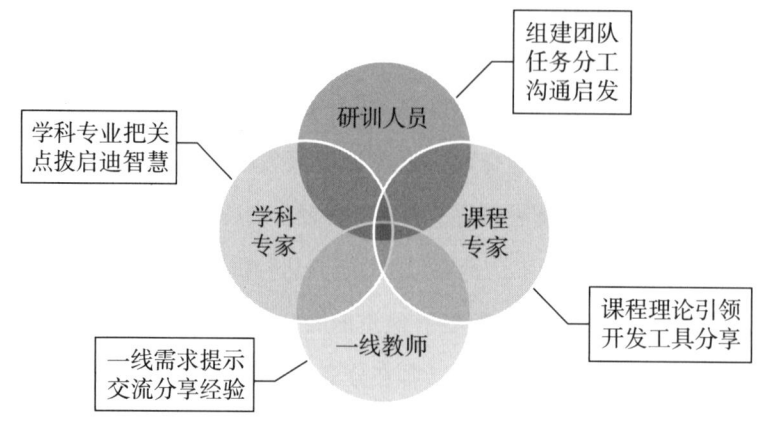

图1　多层次学习型研修共同体

二是任务卷入式学习，激发教育智慧的生成。

教师研修课程以教育教学实践改进的真实需求为起点，建设初期充分调研一线学校和教师在落实五育并举、"双新"课改、教育数字化转型等方面的问题和需求，发现教育发展要求与教师实际水平之间的差异，以此为基础确定研修主题和内容。在实施中多采取任务卷入式的学习方式，教师个体成为破解教育实践难题的主角，在与同侪、专家的互动协作中自觉体悟和应用于漪教育教学思想，通过充分调动和分析相关信息，创造性地形成问题解决方案，批判性地思考方案的适用性，创新自身教育教学实践，突破教学困境与难题，并形成用于漪教育教学思想引领、支持和改进教育教学实践的核心经验。

例如，在高中学段围绕"核心素养导向下的单元教学设计与实施"主题，建设"大中小学思政课一体化研究——以'单元教学设计'为例""核心素养视域下的高中语文单元学习任务设计"等课程；在义务教育阶段围绕"素养取向下的教学设计与实施"主题，建设"小学科学与技术学科项目式学习活动设计""基于跨学科学习主题的初中物理教学设计"等课程；在全学段围绕"弘扬教育家精神，涵养高尚师德"主题，建设区域"学做大先生"师德教育课程，将区域学校学习于漪老师、提升师德修养的优秀做法和经验在更大范围内推广辐射。

三是推广成果资源，增强弘道追求的信念。

教师专业发展需要进阶、自主的专业学习生态，需要有任务指向的、有参照目标的持续努力。研修共同体以于漪老师为榜样，以优秀教师为引领，在课程实施过程中不断研磨、积淀成果，实现了意志、知识与行为的转变，形成了能将于漪教育教学思想落地实践的具体工具、方法、路径、策略，由此产生可复制、可推广的转化应用于漪教育教学思想的优质资源，进一步增强了教师自主发展的信心和弘道追求的信念。

在课程建设和实施的过程中，参与其中的教师不仅收获了自身专业素养的提升，更是在过程中体悟到研修一体的理念和策略，进一步反思并改变自己的课堂教学方式和校本教研方式。不少教师通过这样的平台发现了自己新的专业发展方向，从课程学习者向课程建设者身份转变，引领更多教师一同走向更高的发展阶段，从而惠及区域更多师生的成长。

自我转化：在个体研修中践行教育家精神

自我转化模式是教师个人从知识的学习、内化、合成、创造再到实践运用的一个知识行动循环的过程。在具体操作时可分为三条路径：深度学习路径、情境实践路径和价值认同路径。从深度学习到情境实践再到价值认同,是教师从思想到实践再到思想的一个循环式转化,形成了一个知识行动循环圈,即通过"知—信—行"的途径来提升教师转化和应用于漪教育教学思想的能力。

首先"知":教师学习,内化真知。

教师围绕所要转化与应用的具体内容,通过查找相关论文、书籍、报道、专家讲座、教学案例等资料,以及参加相关观摩、交流活动,仔细阅读、深入思考,在了解于漪教育教学思想相关内容的同时,结合实践,内化为自己的认识和理解。

区域基于一线教师和校长的成长规律、发展需求和实践特征,围绕于漪老师教学示范、点评指导、报告演讲以及学校转化应用典型课例等方面,分领域和模块梳理汇总于漪教育教学思想及其转化应用案例资源。组织教师深入学习于漪教育教学思想相关理论和实践经验,使教师感悟于漪老师的责任心、使命感和修身精神,让于漪老师成为自己的学习榜样,从而建立对于漪教育教学思想正确性的认知。比如,教师学习"育德:滴灌生命之魂"等师德素养类培训课程,以及阅读《于漪教育教学思想概要》《于漪与教育教学求索》等著作,结合专家解读相关政策文件,研读课程方案与课程标准等文本,从教育观、教学观、学生观和教师观等维度梳理出于漪老师的金句并挖掘其承载的学科育人价值。

其次"信":澄清观念,历练真信。

在学习于漪教育教学思想后,教师需要深入思考和研究,全面理解育德的内涵和价值,才能真正建立坚定的信念。教师可以围绕所要转化与应用的具体内容,通过教学(设计—实施—反思)、教研(集体备课—听课评课—教学改进)和培训(接收—参与—思考—表达)这三种不同的活动形式,在实践中多情境、多角度地应用于漪教育教学思想开展各种形式的论辩,通过申辩进一步夯实和巩固所思所学。

很多教师自觉加入区域知行合一的开放式研修课程建设团队,通过系统研修坚定信念,内化真知。基于课例研究实践中形成的优质资源,教师将学科育德经验主题化、系列化、课程化,自主建构以"实践—反思"为导向,以"问题情境—探索解决—诠释理解—拓展应用—迁移创造"为基本结构的教师学科育德研修课程。

最后"行":内化思想,采取行动。

在理论学习和系统研修后,教师通过观念澄清将于漪教育教学思想内化于心,不仅对其有了深刻的理解,而且已准备好将其付诸实践。教师通过这一由浅入深的价值认同过程,实现了心底接受、思想认同、行为彰显。教师将学习成果内化为自己的教育行为准则,将于漪教育教学思想在日常教学中践行，以于漪老师为榜样，不断尝试、探索、创新，在学科育德实践行动中坚定信念、忠诚信仰。

为了推进教师的实践运用，区域开展分学段课例研究，将于漪教育教学思想与课程教学改革的要求相结合，具体化到课堂教学各环节，探索改进课堂教学的策略方法，发展学生核心素养。研究团队共同确定研究主题、规划教学设计、实施课堂教学观察、开展课后讨论，在课后讨论的基础上修改教学设计，进行新一轮的实施与研讨。教师对课例中的学科育德内容进行梳理，围绕学科育德内容和学生实际情况，确立学科育德目标，设计学习活动，并通过研发表现性的观察量表和评价工具，检验课堂学科育德效果，最终撰写形成应用于漪教育教学思想的学科育德精品课例。

通过上述实践，杨浦区激励广大教师以于漪教育教学思想为引领，以"躬耕教坛、强国有我"的精神风貌和"为党育人、为国育才"的价值追求奋斗在教育教学岗位上，践行教育家精神，做新时代"大先生"！

（责任编辑：汪海清）

教育家精神赋能基础教育青年教师培训课程的区域探索

许 坚*

2023年教师节前夕,习近平总书记提出了中国特有的教育家精神:心有大我、至诚报国的理想信念,言为士则、行为世范的道德情操,启智润心、因材施教的育人智慧,勤学笃行、求是创新的躬耕态度,乐教爱生、甘于奉献的仁爱之心,胸怀天下、以文化人的弘道追求。习近平总书记不仅肯定了教育家是教师群体中的示范者和引领者,而且深刻阐释了教育家精神的丰富内涵和实践要求,并勉励广大教师以教育家为榜样,大力弘扬教育家精神,树立"躬耕教坛、强国有我"的志向和抱负,努力做新时代的大先生。习近平总书记关于教育家精神的重要论述是站在新时代的高度和建设教育强国的战略高度提出来的,教育家精神反映了新时代教师的理想信念、人格品质、专业修养、教育态度、教育能力等各方面的全面要求。

青年教师是教师队伍的生力军,是培养未来教育家型教师的重要对象。站在新时代国家战略的高度,将教育家精神融入基础教育青年教师的培养具有重要意义。这不仅能够让他们坚定教育理想,激发教育情怀,还能提升他们的教育教学能力,为构建高素质的青年教师队伍奠定坚实基础。

于漪教育教学思想是基础教育领域教育家精神的具体化

教育家精神是教育工作者一种可贵的职业精神,反映了教育工作的本质特征和根本要求,是教育精神在特定时代和社会的教育工作者身上的体现。教育家精神最集中地体现在那些优秀的教师和举世公认的教育家身上。

于漪老师是新中国基础教育领域的第一位人民教育家,她将自己的一生献给了中国的基础教育事业。从求学阶段的立志报国、躬行所志,到踏上三尺讲台的躬耕实践、奋斗

---

* 许坚,中共上海市杨浦区教育工作委员会党校常务副校长,上海市杨浦区教育学院教育管理培训部主任,高级教师。

不息，再到晚年的坚持开拓、不断升华，这些丰富的教育经历和教育实践铸就了一代名师的教育家精神。回忆起个人的职业生涯时，于漪老师感叹"一辈子做教师，一辈子学做教师"。在70多年教育实践的基础上，于漪老师开创了"活的教育学"，蕴含着丰富的生活实践和生命体验；构建了辐射式网络型的课堂教学结构，实现了课堂教与学的相互作用；形成了博大精深的教育教学观，其中包括以全面育人为核心的基础教育观，以追求理想为内驱力的教师职业观，以生为本、尊重、平等的学生观，"道术合一"的基础教学观，以及以高尚境界为追求的学校发展观。

于漪教育教学思想融入基础教育青年教师培训课程

据杨浦区教育局2024年6月的统计数据，区内现有公办中小学校85所，义务教育阶段在职教师5148人，其中青年教师约占在职教师的48.3%。青年教师已经成为杨浦区承担中小学教育教学任务的主力军，且其中大部分属近年来新进教师，因而加强区级青年教师培训显得尤为重要。虽然区域的青年教师培训实践已有多年，但是仍存在培训内容可迁移性较低，缺乏育人智慧提升以及实践场域的应用与转化；培训形式单一，缺乏吸引力，无法充分激发青年教师的积极性；忽略课程实施过程中的评价和反馈机制等问题。

于漪老师在基础教育耕耘70余载，她的实践经验、理论概括、教育故事和教学案例对于青年教师可学可用；于漪老师是扎根杨浦基础教育一线的教师，她的榜样作用对于青年教师可感可亲。因此，于漪教育教学思想与杨浦区一线教师的精神律动和理论需求相契合，将于漪教育教学思想融入青年教师培训课程，有助于解决以往青年教师培训中的一些问题，助力青年教师更好地学习和弘扬教育家精神。

在于漪老师看来，"人民教师肩负着培养下一代的使命，责任大如天，这关系到国家和民族的命运，因此，即便遇到再大的困难，都要迎难而上——中国的教师一定要有这样的志气和精神，这是与中华民族的精神骨肉相连的"。她的言行对当代青年教师来说是理想明灯的指引、信仰信念的召唤，能让青年教师更深刻地认识到自己肩上所担负的责任。

青年教师职业发展初期，是形成自己教育理解的过程。青年教师思维活跃，生命力旺盛，学科知识和信息能力较强，但教育经验不足，需培养多种教育能力。于漪教育教学思想是基于教育现场，解决现实问题而丰富和发展起来的。因此，加快青年教师的专业成长，迅速提高青年教师的教学能力必须在先进的教育思想引领下，在教育教学实践中培养。引导青年教师学习于漪教育教学思想，有助于他们形成全面的、正确的教育观念。

青年教师学习和弘扬教育家精神，关键在于"相信"，核心在于"应用"，重点在于"转化与创新"。于漪教育教学思想是"活的教育学"，青年教师通过应用其思想于新问题和挑战中，验证其科学性和实用性，同时感受其时代性和创新性。青年教师应不断转化与创新，体悟和内化于漪教育教学思想，形成教育家精神的具体画像，从而主动学习和弘扬教育家精神，努力成为教育家型的教师。

于漪教育教学思想融入基础教育青年教师培训课程的实践策略

杨浦区遵循青年教师职业成长规律，开设了青年教师于漪教育教学思想培训班，从理想信念、专业能力、文化自觉等角度设计培训课程，旨在从教师职业源头培养优秀青年教师，具体有三个方面的策略。

首先，在课程内容安排上除了显性学习内容外，还强调教师学习的内容具有内隐属性，诸如专业态度、专业角色、专业责任等，树立青年教师职业理想和教育信念。培训课程邀请研究于漪教育教学思想的专家，以最近距离的视角、最细腻的交流，讲述于漪老师的故事，呈现具体真实的于漪，激励青年教师以她为榜样，明确新时代教师肩负的责任。同时，青年教师阅读于漪老师相关著作，如《于漪知行录》《于漪教育教学思想概要》《点亮生命灯火》等，引导青年教师学习于漪教育教学思想，用辩证的思维思考教育，逐渐形成自己的教育观。而且，培训课程涵盖国家教育教学相关法规、政策和文件的学习，帮助青年教师了解世情、国情、党情，保持坚定的政治定力和人民立场。

其次，任务驱动岗位成长，提升青年教师教育自信力。于漪老师认为课堂教学是教师发展的核心，教师需要面对充满生命力的学生，通过课堂教学传授知识、解答疑惑，并运用自己的智慧进行教育。因此，培训应更加注重综合性、实践性和针对性，帮助青年教师从站稳讲台到建立教育自信。第一，培训课程专注于岗位成长，通过设计具有挑战性的任务，帮助青年教师深入理解和应用于漪教学观。这些任务聚焦教学过程中的实际问题和实践细节，鼓励青年教师主动学习和探索相关技能，找出理论支撑，形成自己的教学实践智慧。第二，培训课程重视学员参训体验，设计更具参与度和体验感的培训方式。例如，采用情景模拟形式，对接区域教育改革重点难点或教育转型发展政策诉求等，让青年教师在真实情境中讨论细节、分析挑战、研究解决方法；或进行角色扮演，换位思考，探索应对路径和方法。第三，培训课程以实际问题解决为导向，注重实用性。通过现场调研，收集学员在教育教学中遇到的难题，并归类形成小专题。学员通过学习于漪教育教学思想，寻找解决这些问题的正确方向和工作原则，学习教育家在实践中破解问题的智慧。然后，学员将所学智慧迁移到自己的教育教学方法中，实践验证并收获真切体验。

最后，满足需求促进自我实现，深度唤醒青年教师的内驱力。于漪老师的青年教师培养观重视教师内心觉醒，强调滋养心灵、唤醒使命感，激发教育生命力，而非仅注重知识或技能传授。第一，培训构建高水平、高效率的多元化学习平台，组建学习共同体团队，释放青年教师的热情与智慧；第二，在课程评价体系中，全面评估学员的学习成效，强化学员的个体评价与激励机制，激发学员加强自我提升的学习能力；第三，为深化教育研究，培训课程特别设置了课题研训模式，促进青年教师在课题研究中快速成长并取得显著成果。

青年教师于漪教育教学思想培训的实施成效

2010年起，随着培训课程十余年的实施与优化，青年教师于漪教育教学思想培训课程在探索和实践中形成了"五阶段四模块"的培训模式。截至2024年，共培训全区各学段35岁及以下青年教师近1000人。

培训课程凝练成"培训准备阶段—理论学习阶段—应用转化阶段—成果形成阶段—示范引领阶段"的"五阶段"培训路径（见图1）。经过于漪老师的亲自指导，在十余年的培训实践中，培训课程主题逐渐确定，并形成四个模块：一是理论学习，通过四个研修专题深入学习于漪老师的教育教学思想，提升青年教师对教育的理解，巩固教师的职业理想，培养青年教师的职业精神；二是应用转化，通过听课评课、情景模拟、课题研究等方式，寻找于漪老师的教育智慧，感知教育的真谛，丰富自身内涵；三是成果形成，以丰富的形式汇报学习于漪教育教学思想的收获与成长，展示青年教师有理想、有追求的风采；四是示范辐射，通过交流、展示生成性培训资源和课题研究成果，示范辐射培训成果。

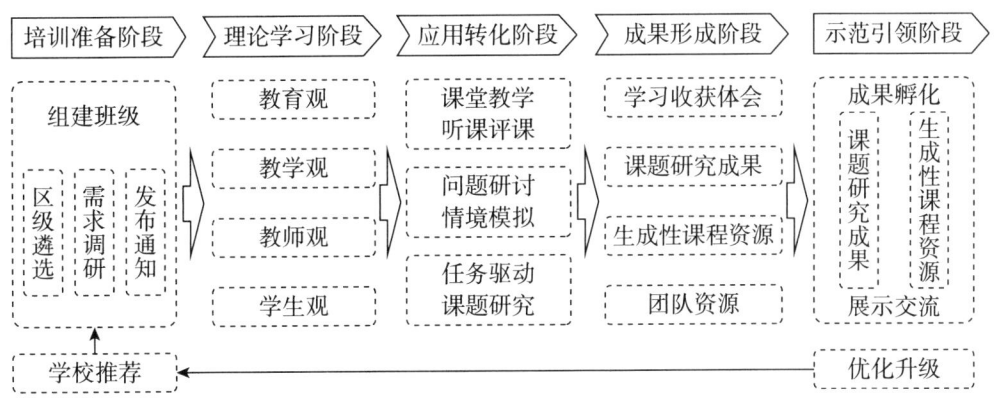

图1　杨浦区教育系统青年教师于漪教育教学思想"五阶段"培训路径

青年教师于漪教育教学思想培训班是在杨浦区教育工作党委领导下，由基层学校党组织、区教育工作党委组织人才科、党校、区教育局团工委、区教育局宣传与法治科相互协同进行培训管理的。中小学校党组织负责把关和推荐青年教师参加培训，区教育工作党委组织人才科、党校和区教育局团工委负责方案设计、组织、实施与管理，区教育局宣传与法治科负责培训课程实施过程的对外宣传。青年教师修完规定的培训课程，完成相应的研修任务，经考核合格者方可结业，由区教育工作党委党校和区教育局团工委颁发培训结业证书，并向基层学校党组织反馈青年教师培训情况。

青年教师于漪教育教学思想培训课程得到了青年教师学员的高度认可。同时，他们也希望培训课程能提供更多的选修模块，提供个性化的学习路径，能提供个人专业发展的有针对性的指导，采取更加多样化的考核方式来评价学员的培训成效等。

青年教师于漪教育教学思想培训课程的策划与实施，以于漪老师为榜样，以于漪教育教学思想为中介，学习、实践和弘扬教育家精神，契合当前弘扬教育家精神的迫切需求，展现了在新时代背景下青年教师队伍培养的创新实践。展望未来，杨浦区将继续深化面向全体区域教师的弘扬教育家精神培训课程，引领教师师德师风的全面提升，促进教师教育境界的升华，优化教育生态，为构筑教育强国奠定坚实基础，实现教师培养工作的显著成效。

（责任编辑：戴燕玲）

传承于漪精神，践行德智融合

张田岚*

人民教育家于漪老师在杨浦高级中学耕耘奉献六十五载，她的精神和思想是学校宝贵的精神财富。于漪教育教学思想是我国当代基础教育领域对教育本质与教学实践的深刻回应，为广大教师群体提供了丰厚的教育智慧资源与精神动力。传承于漪精神，践行于漪教育教学思想，学校积极思考如何在学校文化的传承中实现教育精神的价值传导、理念认同与教育实践。

于漪教育生涯诠释了教育家精神的深刻内涵

于漪老师谈教育家精神，认为"心有大我、至诚报国是我们的理想信念。这一条是教育家精神的灵魂所在"，而"理想的实现追寻不是靠想象，而是要靠身体力行。就是言为士则、行为世范，启智润心、因材施教，勤学笃行、求是创新，乐教爱生、甘于奉献，胸怀天下、以文化人这五个方面"。她的教育生涯也充分展现了她的教育理想与实干精神，诠释了教育家精神的深刻内涵。

其一，于漪老师满怀心有大我、至诚报国的理想信念，把对民族的大爱，化作了对语文教育事业的爱。她的语文课不仅传授语文知识、锻炼语言运用技能，而且深入探讨民族文化的内在基因。她的教学旨在构建一个"学生语文素养成长的精神家园"，她坚信，教育能够塑造民族的未来。她的教学实践体现了对民族文化传承的深刻理解和对民族未来的深切关怀。于漪老师不断反思，不断改进，力求独立见解，教文育人，播撒做人的良种，传递对民族的深爱。她终生奋斗的，就是为中华民族伟大复兴贡献自己的力量。一切为民族，是于漪终生奋斗的目标。

其二，于漪老师坚守言为士则、行为世范的道德情操。她不仅这样要求自己，而且在

---

* 张田岚，上海市杨浦高级中学校长、总支委员会副书记，中学高级教师，曾荣获上海市园丁奖、上海市优秀校园长、上海市三八红旗手等荣誉。

学校管理中也使其成为全校师生的行为准则。优良的道德品质、正确的价值取向、端正的工作态度、进取的治学精神，这是于漪担任第二师范学校校长时，厚植在学生灵魂里的基因。"一身正气，为人师表"是全校师生的精神支柱。她对教师们说，在一个纷繁复杂的环境里需要有定力，"我们要培养顶天立地的人，首先自己应该努力成为大写的人"。

于漪老师总是想方设法为青年教师搭建平台，把他们推向前台。她常说，"事业的成功要靠团队、靠大家""一个人的精力是有限的，我们的教师队伍一定要有团队，作为一块垫脚石，我能够给大家垫一步，这是我终生有幸"。为了让青年教师尽快成长，她推行"师徒带教"方法，组成培养的三级网络——师傅带徒弟、教研组集体培养、组长负责制，有效促进了青年教师队伍的成长。在她的发掘和培育下，一批批青年教师脱颖而出，并形成了全国罕见的特级教师团队。从20世纪80年代开始，她先后培养了三代特级教师。

其三，于漪老师在多年的教育教学实践中不断发挥启智润心、因材施教的育人智慧。从"人文说"和"教文育人"的教育教学观出发，她逐步构建了自己完整而系统的语文教育体系，一直延伸到中国语文课堂教学的前线，扎根本土，直指时弊。从实践到理论，从理论到实践，她用生命谱写出一部地地道道的中国语文教育学，鲜活而又具有独创性。

21世纪伊始，于漪老师又提出了学科教学要"德智融合"，要充分挖掘学科内在的育人价值，将其与知识传授和能力培养相融合，立体化施教、全方位育人，真正将立德树人落实到学科主渠道、课堂主阵地，加强教师的育德能力，获得全国教育界认可。"德智融合"教学思想充分体现了于漪整体育人的教育观，是"教文育人"思想的深化和升华。育人，就是要对学生进行全面培养。面对育人实践中重智轻德、智育第一的现象，于漪老师专门阐述了智性与德性的发展关系，指出德性与智性是生命之魂。

其四，对于教师职业，于漪老师始终坚守勤学笃行、求是创新的躬耕态度。她用两根支柱支撑着自我，一是勤于学习，二是勇于实践，两者的聚焦点是反思，回顾与反思是她的必修课。于漪老师说："我有两把'尺'，一把是量别人长处，一把是量自己不足，只有看到自己的不足或缺点，自身才有驱动力。因为，'累累创伤，是生命给你最好的东西'。"从教70余年，每一篇课文，每一个45分钟，在她的眼里都是新的。"一篇课文，三次备课。"拿到一篇课文，先不看任何参考资料，凭着自己的理解，备第一次课。第二次，找来和这篇课文有关的所有资料，仔细对照，看哪些东西自己想到了，人家也想到了；哪些东西自己没有想到，但人家想到了，学习理解后补进教案；哪些东西自己想到了，但人家没想到，要到课堂上去用一用,是否自己想得真有道理,这些可能会成为"我"的特色。上课和设想的东西不是一回事,所以再根据上课的具体情况,不断区别哪些地方顺利,哪些地方困难,对设想进行调整,再备第三次课。课前孜孜不倦,虚心借鉴,课后静思回味,总结提炼。厚厚的几大本教案,改了又改,那上面的一道道红笔,是她执着探求而留下的脚印。从20世纪70年代末到80年代后期,她上了近2000节公开课。她不仅找到了语文教学的大门,而且登堂入室,而她却说:"教育事业真正是遗憾的事业,教师责任大如天,追求永无止境。与其说我做了一辈子教师,不如说我一辈子学做教师。"

其五,虽然育人的过程十分困难,但是于漪老师始终秉持乐教爱生、甘于奉献的仁爱之心。在她的心中,"学生"两字重若千斤。一个学生就是一本丰富的书,一个多彩的世界,她一本一本用心去读,一点一点用心去悟,感悟师爱的真谛,品尝亦师亦友的无穷乐趣。当自己的孩子病危时,她选择的是学生是讲台;而当学生病重时,她顶着寒风、披星戴月,硬是背着走了十多里路。因为偶尔一次对学生的出言不逊,她叩问自己,深深自责;因为一堂令自己不满意的课,她彻夜难眠,辗转反侧。她带过最乱的班,教过最难管教的学生,但是她用心头的爱,融化冰雪,播撒阳光。她说:"师爱超越亲子之爱,它虽无血缘关系,但它寄托着祖国的期望,人民的嘱托,要像爱自己的孩子一样,一个心眼爱学生,尽心尽力培养他们成长。"

其六,胸怀天下、以文化人的弘道追求是于漪老师教育生涯的生动写照。于漪老师思考教育问题站在很高的位置,在宏观上有较为科学的总体设想。正因站得高、看得远,方才境界高、格局高,她往往能跳出学科、专业的局限,每每从社会、国家,全局全域,整体、系统地观察思考问题。她曾用诗一般的语言说过:"一颗狭小的心有浩浩荡荡的学子,有多情的土地,伟大的祖国,胸怀就会无限宽广,无处不是学习的机会,无处没有智慧的闪光。"她的境界、格局之高,早已跳出个人之"小",登高望远,胸怀天下,自觉担当起振兴国家民族的重任。

培根铸魂,教育弘道——传承于漪精神的杨高实践

今天,走进杨浦高级中学大门,就可以看到"一身正气,为人师表"这八个大字镶嵌在科技实验楼的墙上。这是20世纪80年代,于漪老师担任第二师范学校校长时,组织全校师生进行"师范生的美"大讨论,而凝成的全校共识。它时刻提醒全校师生铭记使命和担当,直至今日,这八个大字依然在杨浦高级中学熠熠生辉。

教育家精神在上海

于漪老师在校长任上，深入思考了学校管理的要求和学生培养的方向、路径，提出了"三个制高点"思想。这一思想超越了将学校仅仅视为教育执行单位的局限视角，将学校的教育目标与国家和民族的未来紧密相连。首先，要站在时代的制高点上。办教育的人要有相当程度的职业敏感，适应时代的发展，应该而且必须主动迎接社会的新变化、新气象的挑战，坚定抵制社会上不良风气对学校教育的浸染，营造良好的育人环境。其次，要站在战略的制高点上。一个民族要想在未来的世界里取得政治和经济的优势，就必须大力发展教育。最后，要站在与基础教育发达国家竞争的制高点上。教育之争是世纪之争、人才之争、国力之争，要树立与基础教育发达国家竞争的意识，树立当代中国教育的自信，争民族的志气、民族的自尊，争在基础教育领域显示社会主义精神文明的威力。"三个制高点"思想不仅提升了教育的定位，也为教育实践提供了指导，强调了教育在培养国家未来和民族精神中的不可替代作用。

从1997年第二师范转制为杨浦高级中学至今27年间，学校涌现出了16位特级教师、6位正高级教师，培养了25届共万余名学生。从康士凯校长的"责任感教育和文化判断力培养"，到向玉青校长的"教师集'德、才、学'于一身，学生求'真、善、美'于一体"教育理想，再到如今"德智融合，全面发展"的办学理念，学校始终站在"三个制高点"上继承和弘扬于漪老师的教育家精神，弘扬为人、为学、为事的一身正气，始终与时代发展同频共振，始终以服务国家和社会为己任，坚守"为党育人、为国育才"的初心使命。

今天的杨浦高级中学，坚持在办学中继承于漪老师提出的"德智融合"教学思想，通过学科知识体系和价值体系的统一，在学科"德智融合"的知与行中滴灌学生的生命之魂，促进学生的全面发展。基于此，学校致力于把学生培养为乐学善思、修德明理、德才兼备的终身学习者。

于漪老师明确指出要关注教师德性和智性两方面的发展。为此，学校设计了《基于"德智融合"教育思想的教师发展分层评价》，多维多层面地对教师工作进行个性化评价，充分发挥评价的正确导向、潜能激发和促进发展的作用，从中寻找教师专业发展评价的有效方法。在于漪教育教学思想引领下，杨浦高级中学建设了一支"师德为魂、专业为本、名师引领、团队发展"的高质量教师队伍，涌现出了全国五一劳动奖章获得者、全国优秀教师、全国优秀班主任、上海市教育功臣提名奖获得者等一大批优秀教师。学校的语文教研组，在于漪老师的关心和爱护下成长起来，师风传承，名师涌现，在于漪老师精神与思想的引领下，牢记育人使命，传承师德师风，四代特级教师薪火相传，成为上海基础教育界一道亮丽的风景线。

　　教育的目标不仅仅是传授知识，更重要的是培养学生的道德品质，塑造他们的灵魂，建设他们的精神家园。杨浦高级中学作为于漪老师开创的"德智融合"教育理想园，处处留存着于漪老师立德树人的教育思想光辉。我们将追寻于漪老师的教育理想和信念，弘扬践行教育家精神，至诚报国，求实创新，胸怀天下，以文化人，在"德智融合"育人实践中不断探索前进，推动教育高质量发展。

（责任编辑：戴燕玲）

师者于漪的人民立场

王 友*

于漪老师是"人民教育家"。她始终以人民为中心，站在人民的立场上想问题、办教育，全心全意服务人民。无论身处何种境地，于漪老师始终站稳人民立场，把"人"放在第一位，牢牢树立"全面育人观"，以学生发展为本，一个心眼为学生。

一辈子为国为民

于漪老师说，选择教师，就选择了高尚，选择了与国家前途、人民命运密切相连休戚与共的事业。不管遭遇多少艰辛，无论经历多少苦难，于漪老师始终坚守初心，砥砺前行。即使处在人生的低谷，她仍然坚持说："一个文盲半文盲充斥的国家是不可能建成社会主义强国的。学生只有一个青春，不能耽误。"于漪老师心中有学生，一心为人民，她是一辈子为国为民的"人民教育家"。

一切为民族

特殊的人生经历让于漪老师深深地认识到个人的命运是与国家的命运、民族的命运紧密相连的。于漪老师后来说，她的爱国思想起源于小学《苏武牧羊》这一堂课。而镇江中学"一切为民族"的校训更是在于漪老师内心扎下了根。于漪老师说："'一切为民族'这五个大字掷地铿锵，镌刻在心中，成为我铸造师魂的基因。"[1] 于漪老师躬耕教坛七十余年，始终围绕"一切为民族"展开着自己的教与学。在语文课堂，她融入爱国情感，以中华优秀传统文化的精髓乐育英才。于漪老师曾多次深情地说："母亲教会我善良，做一个助人为乐的人；老师教会我读书、爱国，做一个志趣高尚的人；新中国教会我感恩，做一个报效祖国、人民的人。"爱国精神是于漪老师诚挚的心声，是她教育人生的强大内驱力。从她

---

* 王友，特级教师，正高级教师，上海市浦东教育发展研究院教研员，上海市教师学研究会副会长。
[1] 于漪.于漪全集（修订版）：第十二卷[M].上海：上海教育出版社，2023：385.

的言行中，我们永远能看到一颗忧乐天下的赤诚之心。①

一颗中国心

于漪老师以天下为己任，以民族复兴为己任，始终围绕"一切为民族"开展自己的教育教学。面对"我们的教育要培养什么样的人"这一问题，她掷地有声地说："什么是教育？教育就是培养人。什么是中国教育？就是培养有中国心的现代文明人。我们要培养的绝对不是那些只给外国人打工的人，而是要培养有中国自信、中国自尊的，能够放眼世界的，为世界和平作贡献的人，也就是能真正屹立于世界民族之林的中国人。"② 于漪老师做校长期间，学校没有清洁工，每个班级都有包干区域，每个班级轮流值日清扫校园。于漪老师十分重视体育。她曾说，没有强健的体魄，缺少团体协作的精神，拿什么建设我们的祖国？面对一些片面强调外语教学的乱象，于漪老师坚决予以抨击。她说："母语的盛衰，意味着一个民族生命力的盛衰；母语被粗暴对待，实质上是对一个民族心灵的直接挫伤。"③ 于漪老师以一颗中国心培根铸魂，怀着满腔热情满腔爱来启智润心，培养"有中国心的现代文明人"。

树立教育自信

于漪老师明确指出，我们不能让盲目崇拜的矮人思想作怪。坚守中国立场，拥有世界视野，以教育自信创建自信的教育，走自己的路，我们的定力将更强大，我们的前途会更宽广。④ 她把建设有民族传统和时代特色的中国本土教育学看作肩负着的重要使命，她不愿意用自己的教学实践作西方教育话语的论据。她说："建立我们自己的教育话语权是对我们国家民族的尊重，是对我们自己教育的敬畏和自信，是对从事教育工作的人，特别是第一线的教师点燃希望之火，用温暖支持他们挺直腰杆做培养学生成长、成才的大事，这样才能摆脱思想上矮人一等的困境。"⑤ 在于漪老师看来，只有创建我们自己的中国本土教育学，才能在中国的大地上更好地培养具有民族传统和时代精神的青年教师。因此，我们要从中国特色、中国土壤上认识中国教育的重要性，要建立起中国的教育自信，中国教育必须要有自己的话语权，中国基础教育一定要打上中国的印记。

于漪老师一辈子为国为民，她心中时刻铭记"一切为民族"，因此时刻不忘以一颗中国

---

① "申光计划"丛书编委会. 从草根教师到人民教育家：于漪传[M]. 上海：学林出版社，2023：293.
② 于漪. 于漪全集（修订版）：第一卷[M]. 上海：上海教育出版社，2023：591.
③ 于漪. 于漪全集（修订版）：第一卷[M]. 上海：上海教育出版社，2023：626.
④ 任国平. 于漪：一切为中华民族[J]. 党史文汇，2024（6）：14-19.
⑤ 于漪. 于漪全集（修订版）：第一卷[M]. 上海：上海教育出版社，2023：587-588.

心培养"有中国心的现代文明人",不忘以教育的自信创建自信的中国教育。于漪老师说:"浓郁的家国情怀,激发你一辈子精神振奋,有用不完的劲;浇注你丰满的感情,享受人生的价值与幸福。"

一辈子求真务实

于漪老师说,一切教育成果的精髓是"真"。办教育,要敢于高举求真的崇尚科学的旗帜,去除耀眼的包装,挤去教育质量的泡沫。不为假象所迷惑,不带主观偏见,不把偶然性当必然性,不把局部当作全部,不把在一定条件下的结论无限扩充、夸大,没有经过实践条件下的反复论证,不轻易相信,更不贸然下结论。"真"是办教育的灵魂所在。

育分还是育人

很长一段时间,基础教育界出现了"重术轻人""概念模式满天飞"等乱象。20世纪80年代,标准化试题被引入语文高考。语文教学被"知识点"左右,语文学习被简单量化。对此,于漪老师直面教育痛点,提出了"于漪之问":我们的基础教育到底是育分还是育人?于漪老师告诫我们,任何一张考卷考不出学生的综合素质。"以分数来评判教学质量的高下,评判学生的优劣,究竟有多少科学性?育人与育分错位,会造成怎样的恶果?只有将这些问题真正想清楚,珍视学生的生命与发展,才能从分数的桎梏中解放出来。"于漪老师还说:"现代教育要努力实现让每一个学生成为大写的人,一个有着自我目标、自主追求、能够实现自身价值的人,一个适应时代需求、与社会和谐进步和发展的人。因此,以育人作为教育基本的也是最终的目的。在我们的教育中真正体现以人为本、以学生发展为本的原则,为实现全体学生的全面发展与终身发展奠定基础,就成为我的基础教育观,成为我此生不变的永恒追求。"[①] 于漪老师敬畏每一个活泼的生命,用心倾听每一个孩子的呼唤,不放弃任何一个学生。她时刻把"人"放在第一位,牢牢树立全面育人观,始终在学生的全面发展和终身发展上下功夫。她提出,今天的教师不能停留在传统观念上,而是必须做到"术道合一"、育人为本。

"人文说"

20世纪90年代,语文界对语文学科性质展开了一场大讨论。究竟该怎样对语文学科性

---

① 于漪.于漪全集(修订版):第一卷[M].上海:上海教育出版社,2023:373.

质定位呢？于漪老师经过多年追问、反思，最终创造性地提出了语文学科性质的"人文说"。在 1995 年发表的《弘扬人文 改革弊端——关于语文教育性质观的反思》一文中，她明确指出："工具性和人文性，是一个统一体的不可割裂的两个侧面。没有人文，就没有语言这个工具；舍弃人文，就无法掌握语言这个工具。"[1] 2001 年，教育部颁布的《义务教育语文课程标准》明确指出："工具性与人文性的统一，是语文课程的基本特点。"面对纷争，于漪老师坚守人民立场，遵从科学规律，全力务实求真。面对违背规律的教育乱象，于漪老师敢于当头棒喝，揭示真相。她从不回避矛盾，从不人云亦云。她总是能在纷争面前用清醒的头脑拨云见日，给人方向性指引。她自己说道："'人文说'的提出，不应仅仅看到这是一种语文教育与教学的新学说的面世，还应该看到它的深层，有着知识分子的良知、事业的责任感和对未来社会进步繁荣的热切期望。总之，'人文说'是我向当今教育贡献出的一颗赤诚之心。"[2]

聚焦文化认同

师者于漪站在教育者的立场明确指出，要聚焦文化认同，以对祖国语言文字的满腔热情满腔爱教语文，要用中华优秀传统文化的精髓以情激情，以趣激趣。她说："教语文，必须站在文化的平台上。忽略了这一点，语文教学就会在有意无意之间降格为技能技巧的操作，就会有悖于实施素质教育的宗旨。"[3] 民族文化是培育民族精神的土壤，是一代代人赖以栖息的精神家园。于漪老师说："民族的语言文字是本民族的文化地质层，它无声地记载着这个民族的物质和精神的历史。"于漪老师站在人民的立场、民族的高度教语文，教祖国的语言文字，用浓郁的民族文化来滋润学生的心田。

陶行知说："在教育界，有胆量创造的人，即是创造的教育家；有胆量开辟的人，即是开辟的教育家，都是第一流的人物。"[4] 于漪老师站在中国大地上一辈子求真务实，一辈子用真心做教育。她就是能用大胆识探索新思路，用前瞻性思维解决新问题，在基础教育界开辟新天地的第一流的教育家。

一辈子无私奉献

于漪老师做了一辈子教师，一辈子躬耕杏坛，一辈子无私奉献。她克勤克俭，慎思慎

---

[1] 于漪. 于漪全集（修订版）：第二卷 [M]. 上海：上海教育出版社，2023：235.
[2] 于漪. 于漪与教育教学求索 [M]. 北京：北京师范大学出版社，2015：68.
[3] 于漪. 于漪全集（修订版）：第三卷 [M]. 上海：上海教育出版社，2023：17-18.
[4] 陶行知. 第一流的教育家 [N]. 时报·教育周刊·世界教育新思潮，1919-04-21（9）.

行，坚守了教师的本分，捧出了沉甸甸的教育硕果。在教学上，她站在人民的立场面向全体学生，一个心眼为学生。她知道教师肩上的责任重大，"教师从事的是塑造学生生命的工作。一个肩膀挑着学生的现在，一个肩膀挑着国家的未来"[①]。做校长，她站在时代高度、战略高度和竞争高度思考办学，把学校办成社会主义学校的样子，办成学生成长的乐园，师生共同向往的精神家园。退休后，她继续奋斗在基础教育改革的最前沿，90岁仍亲自担任上海市语文学科德育实训基地主持人，怀着对教育的满腔热爱用生命歌唱。

面向全体学生

在于漪老师看来，教师教学生涯中最大的事就是面向全体学生，一个心眼为学生，为学生今日的健康成长，明日的长足发展，引领他们把"小我"融入"大我"之中，建设有意义的人生。[②] "基础教育是大众教育，须面向全体学生。大众教育不排斥精英教育，但不能只当英才教育的配角。人是有多元智能的，各有所长，各有所短。基础教育着眼于全体学生，为全民素质的提高奠基。还要清醒地看到，有时有些受教育者并非真'英才'，而是拔苗助长的对象，无后劲。要倾听每个生命的呼唤，施以阳光与雨露。"[③] 作为教师，于漪老师以诚心面向全体学生，不放弃每一个学生。作为班主任，于漪老师带过差班、乱班。她首先从班级干部抓起，和每一个学生的心弦对准音调，将极差、极乱的班级带成先进集体。她站在人民立场上，一个心眼为学生，用博大的胸襟和朴实的教诲创造了一个又一个教书育人的奇迹。

创建精神家园

师者于漪的人民立场还体现在她的办学理念上。1985年，于漪老师被任命为上海市第二师范学校的校长。当时困难重重，作为校长，于漪老师坚持教育的人民性，坚持为党育人，为国育才，为民族计深远。她清醒地看到办学须有制高点，要站在时代的制高点上，努力把今日的师范生培养成为面向未来、终身发展的新时期小学教育的核心力量；站在战略的制高点上，形成自己的基础教育的人才高地；站在与基础教育发达国家竞争的制高点上，博采众长，办出水平，办出特色，提高自身的国际竞争力。[④] 于漪老师牢固树立育人大目标，选择以校风建设为突破口，积极营造良好的育人文化。经过三年努力，教务、总务、财产、文书等学校所有部门建立明细档案，校风正，教风正，学风正，学校一切工作进入良

---

① 于漪. 于漪全集（修订版）：第一卷 [M]. 上海：上海教育出版社，2023：596-597.
② 于漪. 于漪全集（修订版）：第九卷 [M]. 上海：上海教育出版社，2023：768.
③ 于漪. 于漪全集（修订版）：第一卷 [M]. 上海：上海教育出版社，2023：585.
④ 于漪. 于漪与教育教学求索 [M]. 北京：北京师范大学出版社，2015：17-18.

性循环。学校先后被评为上海市文明单位、全国师范教育先进单位，成为师生共享幸福快乐的精神家园。于漪老师站在人民的立场办学校，尽职尽责，无怨无悔，把学校办成社会主义学校的样子，办成"人的完成"的诗意家园。在于漪老师看来，只有当学校的发展目标与教师、学生个人生命的需要相结合，去创造富有生机的教育行为与学习行为，我们才可能拥有真正成功的教育。

用生命歌唱

于漪老师说，选择了教师，就选择了高尚，站上讲台，就要用生命歌唱。于漪老师备课常常是"明灯伴我过午夜"。她说，要课堂充满激情，首先得燃烧自己。进入21世纪，于漪老师站在时代的高度明确提出"德智融合"的思想，充分挖掘学科内在的育人价值，主张全方位育人、立体化施教，在学科主渠道、课堂主阵地将立德树人唱响。担任上海市语文学科德育实训基地主持人，她继续奋斗在基础教育改革的最前沿，坚持进课堂去听每一位学员的课，用慧眼发现他们的长处，用真心助力每一位学员的成长。"教课，全身心投入，用生命歌唱，是一种境界，一种诲人不倦、乐育英才的境界。"[1] 从教70多年来，于漪老师选择用生命歌唱。于漪老师说："甘为红烛燃自身，甘为泥土育春花，这是我一辈子为师的信条。"[2]

于漪老师一片冰心铸师魂，将自己的一辈子倾情奉献给了教育事业。她是为国家滋兰树蕙的大先生，是从"草根教师"走出的人民教育家，是千千万万生长在中国大地上并且闪耀着教育家精神的光芒的师者楷模。

（责任编辑：李玮）

---

[1] 于漪. 于漪全集（修订版）：第一卷[M]. 上海：上海教育出版社，2023：606.
[2] 黄音. 于漪教育教学絮语集[M]. 上海：上海教育出版社，2022：16.

仁爱之心是教育家精神的核心和本质[①]

顾泠沅*

教育正处在一个剧烈变化的时代，无论哪一种教育流派或教学方式，简单的"非此即彼"已不能回答真实的问题。2023年9月，习近平总书记首次提出中国特有的教育家精神，从理想信念、道德情操、育人智慧、躬耕态度、仁爱之心、弘道追求六个方面作出深刻阐述，赋予了新时代人民教师崇高使命，为新时代教师队伍建设指明了前进方向，提供了根本遵循。

仁爱之心既是教育情感，也是教师德行。乐教爱生、甘于奉献的仁爱之心是教育家精神的一个重要方面，充分体现了党和国家对教育事业和教师群体寄予的厚望。正如习近平总书记所指出的，教育是一门"仁而爱人"的事业，爱是教育的灵魂，没有爱就没有教育。真爱是教育的生命。教育家精神中最核心、最本质的是仁爱之心。

教育爱是一个时代的真爱之核，它也许深藏不露，被层层的杂物包裹，但只要是真爱就必然神奇，去掉杂质就熠熠生辉。世上有一种朴素无华的真爱之举，这种真爱之举是无私的，虽然辛苦也会觉得幸福。真爱之核质地坚硬，千磨万击不消失。如果我们把教育爱视作时代的真爱之核，那么教育工作者将对一切的喧嚣、压力或诱惑不以为意，而忙着在自己能力的极限边缘寻觅，把真爱播撒到越来越多的人心里，让大家都学会克服人类陋习与无知的方法。

如果带着真爱，教育研究者的奉献才能成为自然而然的事，而教师所做研究中的创造才能成为一种职业的欢乐和内在的需求。爱意能滋生奉献，爱意能萌发创造。

仁爱之心既是教育现实，也是教师理想。"捧着一颗心来，不带半根草去"是教育家的一颗赤胆忠心。当年，我作为一名乡下教师，刘佛年校长招我在他门下攻读博士学位。他

---

* 顾泠沅，上海市青浦区教师进修学院名誉院长，曾任上海市教育科学研究院副院长。曾被评为上海市特级教师、上海市劳动模范、全国劳动模范、上海市首届教育功臣，获全国五一劳动奖章。
① 本文已发表于《中国教师报》2024年9月11日第11版，有删改。

年事已高，常在自家楼上为学生上课。每次讲完课后，他都要送学生下楼，挡也挡不住。送到楼下，还问我们接着要去哪里。一次，我告诉他，还要去师大教科所办公室。我刚到教科所，下起了雨。正在这时，我看到刘佛年先生一手拿着双雨鞋，一手拿着雨伞走进办公室，对我说："我看你今天没有带雨具，给你送来了。"此情此景让人没齿难忘。

刘佛年先生曾说："现在最需要的是既懂中小学教育，又肯从事教育科学研究的善于思考的人。"这是前辈教育家的重托。我们干了几十年教育，也许只是完成了一小步，所以我觉得我们是过渡的一代。因此在我看来，仁爱之心就是一代代教育工作者将教育当作毕生事业和使命，需要不断探索教育教学的本质规律，关注学生成长和社会发展。

"让教师成为有研究能力的实践者"一直是我在培养优秀教师方面的期许和追求。我最早做过教师进修学校的校长，主要从事教师教育。我自己非常看重这个岗位，因为学校要改革，教师是最重要的关键推动力。在青浦教改实验中，我们始终把教师和教学作为最重要的主题，并将教师定位为影响教学改革成败的关键因素。从后期效果来看，青浦教改实验在提高学生学习质量方面成效显著，同时在教师培养方面也有一定的贡献。但在培养教师成长方面，无论从教师个人角度而言，还是从学校需求角度来看，都显得周期略长，而且在处理教师成长问题与研究解决教改实际问题之间，结合度略显单薄。因此从2002年初开始，青浦新世纪行动小组聚焦以学校为基础的教师专业成长，引入"以课例为载体的专业引领＋行为跟进的全过程反思"的研修模式，强调研究实践，因为这是能够提升教师的真功夫。

仁爱之心既是教育理论，也是教师实践。纵观众多优秀教师、教改先行者的成长历程，都具有一定的规律：先关注个人已有经验的课堂行为，再转为关注新理念的课堂设计，最后关注学生是否真有收获的行为调整。联结这三类活动的是两次合作反思。在如此这般的多次往复中，完成更新理念、转变行为两个飞跃，这就是现在所说的循证性实践。对于教师来说，最根本的就是课堂教学实践，教师的成长和专业发展需要实践性知识作为保障，而实践性知识是隐藏在教学实践过程之中的，难以通过他人的直接讲授或阅读形式化的理论著作而获得，因此只能在具体的实践中发展和完善。

教师的课堂拼搏不是个体性的，要在保持同事间互助指导（讨论式的案例教学）的同时，注重纵向的理念引领，包含行为自省的全过程反思。在传统的教师培训模式之外，我认为更重要的是要以课例研究为载体，在真实教学行动中开展将专业理论学习有机融入其中的教师行动教育。行动教育的开展途径多样，如教师以教研组、课题组或自愿组合等形式进行群体学习，探索教学改革途径；或由少数具有新理念的人先进行实践，在实践中带动更多人实践，从而共同成长；或成立骨干教师工作室，与一般教师组成讨论教学问题的实践共同体；或学校与学校之间共同合作、相互交流，实现优质资源共享，形成优势互补、共同发展的态势等。这样的行动教育能够促进教师与研究者的实质性合作，为培养新时代良师提供有力保障。

（责任编辑：戴燕玲）

以中国特有的教育家精神引领教师队伍建设

朱旭东 国建文*

2023年教师节前夕，习近平总书记致信全国优秀教师代表时，鼓励广大教师大力弘扬教育家精神，为强国建设、民族复兴伟业作出新的更大贡献。与此同时，习近平总书记从教师形象、素养、责任、使命等方面深刻阐释了中国特有的教育家精神的时代内涵和实践要求，指出教育家及优秀教师是具有"心有大我、至诚报国的理想信念，言为士则、行为世范的道德情操，启智润心、因材施教的育人智慧，勤学笃行、求是创新的躬耕态度，乐教爱生、甘于奉献的仁爱之心，胸怀天下、以文化人的弘道追求"的被褐怀玉、弘道致远大先生。2024年8月，《中共中央 国务院关于弘扬教育家精神加强新时代高素质专业化教师队伍建设的意见》发布，并从教师队伍的思想政治建设、师德师风建设、教师专业素养提升、教师权益保障以及尊师重教的社会风尚六个方面，提出大力弘扬、落实中国特有的教育家精神的行动纲领。大力弘扬中国特有的教育家精神，充分彰显了以习近平同志为核心的党中央对"强教必先强师"认识的新高度，凸显了中国教育历来所宣扬的崇道尚德、尊师重教的思想精髓。中国特有的教育家精神，既是每位教师"立"起来的指引，也是国家"强"起来的支撑。当下，在"中国特有的教育家精神"这盏明灯的照亮下，更需要相关教育制度政策及时跟进并予以保障落实中国特有的教育家精神，从而促进广大教师踔厉奋发，努力成为一支具有"教育家精神"、为教育强国建设作出更大贡献的教育劲旅。

近一年来，教育界深入学习习近平总书记关于教育家精神的重要论述，以弘扬具有中国特色的教育家精神为引领，不断健全中国特色教师教育体系、推进高素质专业化教师队伍建设，以健全教师荣誉表彰体系、营造全社会尊师重教浓厚氛围、优化教师管理和资源配置等为基本的制度政策设计支撑点，出台并实施多项针对中国特有的教育家精神培育、保障、奖励、宣传等的教育制度政策，推进建设具有"中国特有的教育家精神"的高质量教师队伍，业

---

* 朱旭东，北京师范大学教师教育研究中心教授。
国建文，北京师范大学教师教育研究中心博士后。

已取得良好效果。基于此，本文要讨论的问题是：近一年来，推进、弘扬中国特有的教育家精神的政策制度有哪些？中国特有的教育家精神引领政策制度的进展与成就如何？

其一，推动加强中国特有的教育家精神研究。2023年2月，《教育部教师工作司2023年工作要点》指出要"强化教育家精神引领。研究教育家精神，建立教师共同价值追求，激励广大教师成为学生为学、为事、为人的'大先生'"。唯有深入研究、理解教育家精神，才能领会、践行教育家精神。近一年来，从基础教育领域到高等教育领域，从教育理论者到教育实践者，持续探索、研究中国特有的教育家精神。一方面，《中共中央 国务院关于弘扬教育家精神加强新时代高素质专业化教师队伍建设的意见》于2024年8月发布，专门对如何弘扬教育家精神作出具体指示、要求，明确在教师队伍建设工作中要坚持以教育家精神铸魂强师。教育部门户网站开辟专题，通过"大力弘扬教育家精神·笔谈""我心中的教育家精神系列访谈""优秀教师短视频""优秀教师巡回宣讲"等系列举措，大力弘扬中国特有的教育家精神。另一方面，教育理论领域也针对中国特有的教育家精神的本质内涵、培育模式、时代价值、弘扬路径等积极建言献策，从而凝聚教师队伍建设的共同价值理念，引领教师队伍高质量发展航向。

其二，以中国特有的教育家精神为引领，健全中国特色教师教育体系，以开放姿态吸引、稳定优秀人才适教、从教、乐教。中国特色的教师教育体系是在中国共产党领导下，以人民为中心的，以支撑世界最大教育规模为特色的，以师范院校为主体、高水平非师范院校参与、优质中小学（幼儿园）为实践基地的开放、协同、联动的系统。健全中国特色教师教育体系是弘扬中国特有的教育家精神的重要战略支点和坚实基础。近一年来，"国优计划"深入推进，"教育部直属师范大学本研衔接师范生公费教育"政策延续"师范生公费教育"政策的顺利出台，都是以中国特有的教育家精神为引领，健全中国特色教师教育体系所作出的积极有益探索。2023年7月，《教育部关于实施国家优秀中小学教师培养计划的意见》指出，首批试点单位30所"双一流建设高校"，为中小学培养研究生层次优秀教师。2024年7月，《教育部办公厅关于深入推进实施国家优秀中小学教师培养计划的通知》指出，由13所单位启动第二批试点工作，旨在健全中国特色教师教育体系，为中小学培养一批研究生层次高素质科学类课程教师。此外，持续推进师范生公费教育，2023年部属师范大学计划招收公费师范生8300名[①]；2024年6月，为进一步优化师范生公费教育政策，

---

① 靳晓燕. 中国特色教师教育体系形成新局面[N]. 光明日报，2023-09-01（008）.

《教育部直属师范大学本研衔接师范生公费教育实施办法》出台，作出"加强研究生层次中小学教师培养，以教育家精神为引领，吸引优秀人才从教"的政策指向。

其三，以中国特有的教育家精神为引领，不断提升教师教书育人能力，发挥优秀教师示范引领和辐射带动作用，成就大国名师。2023年以来，有关部门积极出台推动培养、锻造具有教育家精神的"大先生"相关举措。在基础教育领域，根据《教育部办公厅关于组织实施新时代中小学学科领军教师示范性培训（2023—2024年）的通知》要求，进一步完善中小学教师队伍梯次发展体系，作出"培养造就数以百万计的骨干教师、数以十万计的卓越教师、数以万计的教育家型教师"的总体规划，加强中小学学科领军教师培训，培育一批引领基础教育学科教学改革的骨干。在职业教育领域，2023年9月，教育部先后公布《教育部办公厅关于公布国家级职业学校校长培训基地（2023—2025年）的通知》《教育部办公厅关于公布新时代职业学校名师（名匠）名校长培养计划（2023—2025年）培养对象和培养基地名单的通知》等政策，推动做好与国家级培养体系衔接，带动职业学校教师校长能力素质整体提升，从而带动职业学校校长、教师专业能力的不断提升，形成优秀校长、教师队伍引领优秀学习者的优异价值链。

其四，健全教师荣誉表彰制度体系，弘扬中国特有的教育家精神。教师荣誉表彰制度是有关机构根据已有标准、程序对在中国特色社会主义伟大事业、中国教育教学事业中作出贡献的个人和集体给予褒奖的制度性安排。对教师进行表彰奖励旨在培育和弘扬社会主义核心价值观，增强中国特色社会主义伟大事业凝聚力和感召力，也是大力弘扬教育家精神的重要制度载体。《中华人民共和国教师法（修订草案）（征求意见稿）》将教师荣誉制度作为一项单款条文，提出"国家建立教师荣誉表彰制度……各级人民政府及其有关部门健全相应的表彰、奖励体系"。《教育部教师工作司2023年工作要点》等政策文件也指出要组织重大典型与优秀代表的选树宣传，完善教师荣誉表彰制度。健全教师荣誉表彰体系是社会各界对师者形象升华为精神画像的充分肯定，也是中国特有的教育家精神获得社会具象化理解和认可的明证。教师荣誉表彰制度体系的建设与教师荣誉表彰奖励的落地实施，既肯定了成为具有教育家精神的优秀教师是广大人民教师的理想追求，也体现了广大教师执教生涯的现实意义。习近平总书记作出中国特有的教育家精神的重要论述以来，为更好地弘扬中国特有的教育家精神，教师荣誉表彰制度的建设与落实主要从以下两个方面取得进展。一方面，国家、地方教育系统积极研制教师表彰奖励制度，初步建立起以人民教育家为引领的新时代教师荣誉表彰体系。2019年，国家主席习近平签署主席令，授予于漪、卫兴华、高铭暄三位教师"人民教育家"国家荣誉称号。国家相关部门专门设立部门级教师表彰奖励，主要包括全国模范教师、全国教育系统先进集体、全国教育系统先进工作者、全国优秀教师、全国优秀教育工作者和国家级教学成果奖等。地方教育部门也积极建立具有本地特色的教师表彰奖励项目，如浙江"春蚕奖""绿叶奖"、湖北"楚天园丁奖"、南京"陶行知奖"等。另一方面，相关部门依据教师荣誉表彰体系，积极组织开展全国教育系统先进集体和先进个人进行表彰奖励，包括对"人民教育家"国家荣誉称号获得者、"时代楷模"、全国教书育人楷模、全国最美教师等全国优秀教师依循教师表彰奖励制度进行表彰奖励。如2023年，北京师范大学建立以"四有"标准为核心的教师荣誉制度体系，设立"四有"好老师终身成就奖和金质奖章、"最受本科生（研究生）欢迎的十佳教师"等荣誉奖项，大力表彰教师群体中的师德楷模。

其五，营造全社会尊师重教浓厚氛围，让教师成为最受社会尊重和令人羡慕的职业，大力宣扬中国特有的教育家精神。教师是教育发展的第一资源，肩负着传播知识、塑造灵魂、塑造人的历史使命。广大教师以教育家为榜样，坚定心有大我、至诚报国的理想信念，大力弘扬教育家精神，不辱历史使命，勇担教书育人之重责，培养造就了大批可堪大用、能担重任的栋梁之材，为国家发展、民族振兴作出了重要贡献。他们的重大贡献与奉献精神理应也值得被看见、被重视。为此，应积极营造尊师重教社会氛围，让"人民教师，无上光荣"的观念深入人心。从2014年教师节到2023年教师节，习近平总书记带领全国人民将尊师重教的社会氛围推向新的高度，不仅温暖了人民教师的心，还极大激发了他们的工作热情。[①] 在第40个教师节来临之际，教育部门将教师节主题设定为"大力弘扬教育家精神，加快建设教育强国"，相关政策也指出要着力打造《国家记忆·教育家精神》《大先生——中国教育名家列传》等系列教育家精神精品栏目，开展选树宣传活动，教师风采短视频、"感人瞬间"微视频、教师主题影视剧等展播活动。这将既让社会公众看到广大教师大力弘扬中国特有的教育家精神的卓越贡献，也将持续树立"大国良师"崇高形象，推动尊师重教的优良传统蔚然成风。

其六，优化教师管理和资源配置，助力中国特有的教育家精神养成。在教师队伍中弘扬中国特有的教育家精神，就要打牢教师资源配置公平的制度基础，保障教师队伍享有教

---

① 朱旭东. 教育家精神：教师行走在教育家之路上的明灯 [J]. 教育家，2023（41）：1-2.

师资源的公平性和正义性，让广大教师在公平正义的教育环境中坚持教育家精神铸魂，将教育家精神转化为自身的思想自觉、行动自觉。2024年4月，《关于做好2024年农村义务教育阶段学校教师特设岗位计划实施工作的通知》提出，要加强农村教师队伍建设，进一步实施学校教师特设岗位计划，重点向原"三区三州"、国家乡村振兴重点帮扶县、少数民族地区等地区倾斜。2024年7月，《教育部办公厅 财政部办公厅关于做好2024年"三区"人才支持计划教师专项计划有关实施工作的通知》提出，充分调动省会城市、中心城市的优质资源，加强对所辖国家乡村振兴重点帮扶县支持。相关政策对于优化地区教师资源结构、确保区域教育均衡发展，推进教师人才资源相对薄弱省份教师队伍建设具有重要作用。这无疑将推动中国特有的教育家精神在更加公平优质的教育沃土上落地生根。

综合而言，无论是推动加强中国特有的教育家精神研究，还是出台旨在弘扬、落实、养成中国特有的教育家精神的制度政策，都将引领新时代高素质专业化教师队伍建设迈向新的美好未来，也将进一步打开优秀人才争相从教、优秀教师不断涌现的良好局面！

（责任编辑：汪海清）

新时代教师的"三重修炼"与使命担当

陈明青*

《中共中央 国务院关于弘扬教育家精神加强新时代高素质专业化教师队伍建设的意见》的发布,为新时代教师队伍的建设指明了方向,设定了宏伟目标,并提供了实践指南。作为新时代的一名教育工作者,我深感责任重大,愿分享我在深入领悟与实践教育家精神过程中的"三重修炼"——深学厚德、笃行致远、守正创新,期与诸位同人共勉。

深学厚德:传承师道,弘扬新时代教育家精神

中国教育家精神深深植根于悠久绵长的中华传统师道文化之中,把握这一历史逻辑,不仅是弘扬教育家精神的内在需求,也是其不可或缺的组成部分。

教育是全面建设社会主义现代化国家的基石,这一点,早在"礼坏乐崩"的时代,就被孔子所深刻洞察。他倡导"有教无类"的先进理念,主张人人皆有受教育的权利,从而在中国历史上开创了平民教育的先河。他一生致力于教育实践,言为士则、行为世范,树立了师者的典范,被后世尊称为"万世师表"。

近代杰出的人民教育家陶行知,以"捧着一颗心来,不带半根草去"的满腔热忱投身于为人民办教育的伟大事业中。他坚决批判旧教育培养"人上人"的思想,提出新教育应培养全面发展的"人中人"。这一转变深刻体现其教育思想的人民性,也彰显其"教育为公,天下为公"的崇高信念。

当代人民教育家于漪老师坚信,教育的真谛不在于空洞的理论,而在于深切关怀每一位学生,走进他们的心灵世界。这一"目中有人"的教育原则,构成了于漪老师"教文育人"思想的核心与灵魂。于老师曾深情地分享道:"作为教师,我肩负着将先烈们身上凝聚的中华民族最宝贵的精神财富传承给下一代的重任。我要为他们点亮生命的灯火,照亮他

---

* 陈明青,华东师范大学第一附属中学副校长,特级教师,正高级教师,全国"最美教师"。

们前行的道路。"于漪老师胸怀天下、以文化人的弘道追求，启智润心、因材施教的育人智慧，是对当代中国教育家精神的生动诠释。

从孔子"有教无类"的教育理念，到陶行知提出"人中人"的教育思想，再到于漪老师强调"目中有人"的教育原则，中国教育家特有的精神是从中国历史长河中众多教育家的智慧结晶中提炼出来的，它代表了对中华优秀传统文化的创造性转化与创新性发展。在新时代背景下，要弘扬这种教育家精神，我们必须在继承传统师道的基础上，凸显新时代的特征与使命担当。

习近平总书记从理想信念、道德情操、育人智慧、躬耕态度、仁爱之心、弘道追求六个维度深刻阐述了教育家精神的丰富内涵，并向新时代教师提出了涵盖政治、文化、价值、实践四个层面的新要求。

教育家精神体现"为党育人、为国育才"的政治使命，这就要求新时代教师坚定信仰，忠实实践，确保教育事业与党和国家事业发展同频共振，为社会主义现代化强国建设培养接班人。教育家精神融合中华文化与中国精神，这就要求新时代教师增强文化自信，传承优良教育传统，汲取历代教育家智慧，努力成为"经师"与"人师"相统一的典范，弘扬中华文化。教育家精神是师者价值追求的灯塔，这就要求新时代教师以身作则，践行社会主义核心价值观，勇担传播知识、塑造新人的重任，用爱心书写教育人生，让每位学生都能实现人生价值。教育家精神是我国一体推进教育、科技、人才工作，全面建设社会主义现代化国家伟大实践的有力支撑，这就要求新时代教师立足知识前沿，遵循教育规律，以守正创新的勇气拓宽视野、提升能力，在教书育人、科研攀登与道德弘扬中彰显担当，为国家繁荣贡献力量。教育家精神不仅是时代赋予每个教师的挑战，更是激励他们勇攀高峰、贡献国家的强大动力。

笃行致远：学用贯通，铸就智慧型教师光辉

我国杰出的教育家、社会学家潘光旦先生曾深刻指出，教育建基于一个核心前提，即承认每个人内心都蕴藏着一种独特的智慧，这种智慧赋予我们应对环境、解决问题的能力。教育家的睿智之处，恰恰在于能够挖掘并点燃学生内心深处那束潜藏的"智慧之光"。而教育家精神，则是在这一过程中展现出的崇高追求与无私奉献。以下，笔者就结合自身亲历的优秀教师的教育场景，探讨教育家们深邃的教育智慧以及他们所闪耀的教育家精神。

第一，心系家国，燃灯引路：铸就教育家之魂。

教育家之魂，在于他们心系家国，以燃灯引路之姿照亮学生的前行之路。这种崇高的理想信念，构成了他们教育事业的灵魂，也是推动他们专业成长与不断进步的强大动力。正如习近平总书记所强调的，"心有大我、至诚报国的理想信念"是中国特有的教育家精神的首要体现。

"心有大我"，意味着教育家们坚定立德树人的崇高使命，胸怀国家大局，树立了"躬耕教坛、强国有我"的志向和抱负。他们深知，教师职业虽由众多"小我"个体构成，但其工作意义却远超个人生计，实则承载着推动社会进步与发展的重大责任。因此，他们教书育人的点滴努力，不仅滋养着学生的成长，更在深层次上孕育着一个国家、一个民族的繁荣与希望。

在我身边，就有这样一位令人敬佩的优秀教师。她在教育事业的第21个年头，积极响应国家号召，毅然前往农村支教，一驻就是八年。在这段时间里，她以自己的实际行动诠释了"心系家国，燃灯引路"的教育家精神。一次偶然的机会，她在社会考察活动中遇到了一位曾在其支教学校就读的女孩。如今，这位女孩正以志愿者的身份服务于农村，用自己的知识和热情为家乡的发展贡献力量。

女孩感激地告诉这位教师，是老师的引导让自己发现了家乡的美好，感受到了家乡人民的坚韧与不屈。更重要的是，她见证了一个普通教师对自己所热爱事业的执着与奉献。因此，在高三时，她毅然选择了农业类专业，决心用自己的所学为乡村振兴贡献自己的力量。这一刻，这位教师内心充满了欣慰，因为她知道，自己已经成功地将心中的"大我"与至诚报国之心传递给了学生。这份传递，不仅点燃了学生的理想之火，更是对未来美好生活的共同憧憬。

第二，因材施教，启智润心：智慧园丁的匠心独运。

面对学生日益增长的个性化需求及社会的多元化发展趋势，智慧园丁们深刻洞察到，教育不仅仅是知识的传授，更是引领学生个性化发展，搭建他们通往未来社会的重要桥梁。因此，这些智慧之师致力于"启智"，通过贴近生活、面向未来的教育方式，精心培育学生的核心素养与关键能力，确保他们奠定终身发展所需的坚实基础。

在智慧园丁的眼中，每位学生都是独一无二的。他们摒弃了简单的说教，以学生为中心，接纳并尊重每位学生的独特性。他们深知，教育的真谛在于激发学生的内在潜能，引导他们构建起正确的价值观、人生观和世界观。因此，智慧园丁们注重"润心"，为学生搭建展示自我、实现成长的舞台,让他们在探索与实践中不断成长。

在具体实践中,智慧园丁们超越了仅仅追求考试分数和升学的短视目标。他们坚守教育的本真,深入了解每个学生的内心世界、成长背景及需求。如同叶企孙先生一般,他们以自身的智慧之光照亮学生的前行道路,努力创造条件满足学生的成长需求。同时,他们还洞悉社会的历史、现状及未来发展趋势,对学生的人格、能力及潜在需求有着深刻的理解。

20世纪90年代,我有幸遇到一位倡导"放手"教育理念的资深教师。他坚信学生应成为学习的主导者,而教师应作为辅助者,引导他们独立探索。他深知,好奇心是驱动学生自主探索的强大动力,也是实现持续成长的有效途径。这些理念在当时虽未得到广泛理解,但随着时间的推移,越来越多的教育管理者、教师、学生及家长开始认识到其深远意义。这位教师的实践告诉我,智慧型教师所倡导的"启智润心、因材施教",实则是在全面、深入地观察学生的基础上,根据时机与情境,以更为高效、个性化的方式激发学生的内在潜能。教师的匠心独运,不仅在于传授知识,更在于培养学生的社会责任感、创新精神和实践能力;旨在让学生不仅学会知识,更学会如何运用知识去解决实际问题,从而更好地适应并引领未来社会的发展与变化。

第三,放眼寰宇,洞悉未来:教育家的慧眼与担当。

智慧之师以广阔的胸襟拥抱世界,以深邃的目光穿透未来,致力于以文化人。在这个充满不确定性的时代,智慧不仅体现在对是非的明辨上,更在于对未来的远见卓识与深刻洞察。历史作为智慧的源泉,为我们提供了宝贵的经验与教训;而未来,则需要师生凭借智慧去探索与塑造。

面向未来,教师的神圣使命在于洞察人类文明的发展轨迹,并引领学生共同认清这一前进方向。因为方向一旦偏离,再大的努力也难以达到预期的目标。只有明确了方向,我们才能满怀信心地学习、实践,从而在减轻师生负担的同时,为个人和社会创造更大的价值。智慧的教师不会将自己的观点强加给学生,而是会引导他们深入研究历史,积极参与社会实践,学会验证证据,掌握分析与判断的方法。这样,学生就能用自己的慧眼洞察人类文明的前进方向,成长为具备强大适应能力与创新能力的未来领袖,勇敢地迎接未知世界的挑战。

我曾聆听一位高中思政课教师在开学第一课的精彩开篇,他向学生讲述了一则寓言。两条小鱼偶遇一条大鱼,大鱼亲切地问候:"早上好,孩子们。感觉这水如何?"两条小鱼游弋片刻后,其中一条好奇地问另一条:"'水'是什么?"教师借此寓言引申,人们在日常生活中往往容易陷入无意识的惯性之中——不自觉地刷手机、生活节奏越来越快、沉溺于日常琐碎、忽视周遭的人事，变得冷漠、易怒、满腹牢骚，却浑然不觉。思政课学习，其深远意义不仅在于知识的积累，更在于培养一种思维方式——在纷扰繁杂的生活中，保持一份清醒的自我认知，不让无序、无意识的生活牵引着我们前行，而是由我们自主地驾驭生活。它教会我们如何思考，如何选择，如何秉持信念、拥抱自由。这段思政课的开场白，深刻地揭示了所有学科学习的核心价值与意义所在，即掌握一种思维方式，一种生活态度，以更好地应对未来，从而在未来的日子里收获真正的幸福。

守正创新：自觉自省，成为有思想的教育改革者

守正创新，作为新时代治国理政的重要思想方法，同样也是弘扬教育家精神的核心理念。在教育改革的大潮中，我们需坚守教育的本质，同时勇于创新，以推动教育的持续进步。

首先，守正之基在于课堂。课堂是教育的主阵地，是人才培养的摇篮。在弘扬教育家精神的过程中，我们必须坚守这一教育的根本，即确保每一堂课都能高质量地进行，关注每一个学生的全面发展。为此，教师需要具备两种核心能力。

一是躬耕讲台的深厚定力。这种定力不仅体现在教师将教育视为终身事业的专业情怀中，更彰显在他们坚守育人信仰的执着追求上。终身育人要求教师将教育视为一生的事业，不断投入热情与智慧；而育人终身，则更强调教师应关注学生的全面成长与长远发展，而非仅仅局限于眼前的学业成绩。我曾见证过一堂青年教师比赛课，课上学生积极回答，其中一名学生在教师给出满意答案后仍坚持举手。青年教师犹豫后还是给了他发言的机会，这番师生、生生间的交流持续了 6 分钟，导致教师未能完成原定教学内容。课后，我问及这位老师是否因可能错失奖项而遗憾，他回答："如果因为这次打断，导致这名一直举手的学生以后都不再发言了，那我会更加遗憾！"这位老师所珍视的，是学生那份难能可贵的好奇心，以及他们勇于表达自我、积极参与学习的热情和勇气，这些正是推动学生持续学习、全面发展的不竭动力。

二是躬耕讲台的不懈毅力。于漪老师曾言："一辈子做教师，一辈子学做教师。"这句话深刻地揭示了成为卓越教师需要具备的持久不懈的毅力。2018 年的一项统计显示，勤勉笔耕的于漪老师已发表文章 531 篇，专著 37 部，此外还有 100 部合著及主编作品。她的教育生涯中，不断提出新的教育理念，如 1979 年在《既教文，又教人》一文中提出所有学科的教学都应以育人为核心目标；20 世纪 90 年代在《改革弊端，弘扬人文》一文中进

一步阐明语文学科的基本特点是工具性与人文性的统一；步入21世纪后，又提出了语文学科应实现德智融合的新理念。这一系列持续不断的探索与追求，彰显了卓越教师将教师职业视为一生挚爱与不懈追求的决心。他们以坚韧不拔的专业发展精神，始终与肩负的历史使命并肩前行。

其次，让我们聚焦于创新。创新，作为当代中国最鲜明的时代特征，同样也是教育改革与发展的核心动力。教师，作为学生思想的引领者和创新的先行者，必须具备两种关键能力，以在教育的广阔天地中不断探索与突破。

一是求是创新的实践力。在"AI+教育"和"互联网+教育"的大潮下，学习已经突破了传统学校的围墙，变得无处不在、无时不有。乔治·韦莱齐安在《远程教育中的新兴技术》中提到"教育3.0"模式下，将强调教师在学生导向、合作学习和以问题为中心的教育环境中的重要作用。在这种教育新生态中，教师需要积极探索教育实践中教师的新角色、新定位，实现从传统的知识讲解者向教育规划者、引领者和支持者的转变。作为规划者，教师要充分利用信息技术的个性化、交互性、虚拟性等特点，为每位学生量身定制学习路径和计划，并设计适合的教学资源；作为引领者，教师要为学生构建一个有利的学习环境，帮助他们在信息海洋中作出正确的价值判断与选择；而作为支持者，教师则要在网络平台上与学生保持密切交流，共同克服学习困难，成为学生成长的伙伴。

二是求是创新的学习力。在信息化时代，教师的学习力不仅体现在对终身学习理念的坚守与实践上，更在于其跨越学科界限、拓宽知识视野的跨界学习能力。当前，一些一线教师的教研活动往往局限于同区域、同学段、同学科及同水平之间的交流，这种局限性长期存在会制约教研活动的深度与广度，影响教育质量的提升。在当前大中小学思想政治教育一体化的背景下，越来越多的教师有机会与来自不同学段、不同学科背景以及担任不同职务的教育同人相聚一堂，开展跨界的学术研讨与学习交流。在这个多元化的学习共同体中，差异被视为宝贵的学习资源，促进了深度学习与互补。因此，如何在此类学习共同体中实现高效协同合作，既有效汲取跨界信息与知识，又能充分发挥个人专业特长，为团队的整体进步与创新贡献力量，同时在尊重与理解他人价值取向、思想观点和行为习惯的基础上，不断优化自身的教育理念与教学实践，便成为新时代背景下弘扬教育家精神、提升教师学习力的重要议题，也是推动教师专业发展不可或缺的关键方面。

（责任编辑：汪海清）

做折翼天使的筑梦者

周美琴*

2023年教师节前夕，习近平总书记在致全国优秀教师代表的讲话中，提出并深刻阐释了中国特有的教育家精神。它包括具有"心有大我、至诚报国的理想信念，言为士则、行为世范的道德情操，启智润心、因材施教的育人智慧，勤学笃行、求是创新的躬耕态度，乐教爱生、甘于奉献的仁爱之心，胸怀天下、以文化人的弘道追求"，这六条论述从理想信念、人格品质、专业修养、教育态度、教育能力等方面对新时代教师提出了要求。

广大教师要把这些精神、信念深植于教育实践中，才能真正做到将教育家精神弘扬发展，落到实处。那么，如何在教育实践中有效践行教育家精神呢？我认为可以从三个方面进行思考：一是了解教育家精神赋予教师的使命；二是正确解读教育家精神的内涵；三是总结教育实践中的行动指南。

新时代教师的使命

教师是立教之本、兴教之源。"师者，所以传道受业解惑也。"教师不仅要传授学生知识，教导学生技能，解决学生困惑，还要在生活中言传身教，教导学生如何将知识运用到生活中，对下一代的兴盛负有重要的责任。

党的十八大以来，党中央高度重视教师队伍建设，从"四有"好老师到"大先生"，再到中国特有的教育家精神的提出，都是在回答一个问题：我们要建设一支什么样的教师队伍？从角色上看，新时代的教师不再是传统意义上的"教书匠"，而是肩负着引领社会创新文化、培养人才、奠基未来等重要使命的人类灵魂工程师。

所以，新时代的教师，是下一代的授业解惑者，也是传道者，更是学生模仿学习的榜样。学生从师者身上获得的不只有知识，还有至诚报国的志气、勤奋的态度、智慧处世的

---

* 周美琴，上海市浦东新区特殊教育学校校长，正高级教师，上海市特级校长，上海市教育功臣。

方式、心怀天下的胸怀……教师的使命不再单一化，而是系统化和具体化的。

教育家精神的意蕴内涵

教师若要践行新时代的使命，首先要了解使命到底有哪些。毕竟，好的思想才能促成好的行为，教师对教育家精神的正确解读才能生发有效的教育行为。

教育家精神的生成，实质上是对我国优秀教师和教育家在具体教育实践活动中所形成的教育理念与职业品质的概括和升华。若要准确地将教育家精神落实到教育实践活动中，每位教师须认真细致地解读教育家精神的六条核心内容，深刻挖掘和认识教育家精神的意蕴内涵，生成自己的成长养分。

我很认同学者陶云的观点："教育家精神是以大德为灵魂、师德为核心、素养为基石、愿景为动力的价值升华过程。大德、师德、素养、愿景共同构成教育家精神的结构要素，彰显出教育家精神崇高的道德属性和价值追求。"

根基养料：信仰——至诚报国的大德

教育家精神的第一条就提到要有"心有大我、至诚报国的理想信念"，这是一种大德，是对国家和民族未来的深刻思考与承诺，是教育家精神的信仰基石。教师在教育过程中要牢记为党育人、为国育才的初心，这是我们的基础要则。而"至诚报国"则要求教师要与时俱进，要将教育与新时代相结合，要培养适合中国特色社会主义事业的建设者和接班人。这个理想信念凌驾于教师个人信念之上，强国建设、民族复兴是教育者们的共同理想。

枝干养料：品行——仁爱行正的师德

"言为士则、行为世范的道德情操"与"乐教爱生、甘于奉献的仁爱之心"是教育家精神的核心品德。言为士则、行为世范的道德情操，给出了教师自身的品德修养标准及在学生面前的榜样准则，要求教师行得正坐得直，成为学生的榜样。而乐教爱生、甘于奉献的仁爱之心，则要求教师对教育事业、对学生有热情与热爱，并且在教育教学中要讲究公正公平。这样才能彰显真正的仁爱，办好人民满意的教育。

初叶养料：能力——智慧创新的素养

"启智润心、因材施教的育人智慧"与"勤学笃行、求是创新的躬耕态度"是教育家精神的基本素养。启智润心、因材施教的育人智慧，提醒教师对学生个体差异的关注和个性化教学的必要性。社会快速变迁，新一代的受教者在接受时代馈赠的同时也背负着快速发展带来的时代压力。教师需要站在时代的背景下去理解学生，变革教育方式，实现教学相长。勤学笃行、求是创新的躬耕态度，则要求教师不断自我进步，并对教育实践持有开放和创新的态度。正如顾明远教授所说："新时代的特征是什么？是创新。"互联网、大数据、人工智能都是不断创新而产生的。新的生产力必然会改变人们的生产方式、生活方式、思维方式和价值观。教育要适应新时代的要求，也需要把创新放在第一位。

叶茂养料：动力——代代相传的愿景

"胸怀天下、以文化人的弘道追求"是教育家精神的可持续动力。它不仅强调了教师在培养学生时要有广阔的视野和文化传承的意识，更是一种能量的传递，需要老一辈教师把火炬传递给新一代。一代代教师正向的动力和修为，才能真正赋予孩子们照亮未来的能力，才能真正地协和万邦、振兴国家。

践行教育家精神的行动指南

教师只有在实践中才能更好地体会和发扬教育家精神，形成自己对教育家精神的领悟和行动指南。在我的践行中，对教育家精神的理解可以归纳为三个字——筑梦者。虽然我们的孩子没有办法选择自己的出身，但是他们有权利选择不同的人生。在教育教学中，我不仅鼓励孩子们认识自己、欣赏自己，更是带领广大教师用大德、大爱、大情怀、大智慧去帮助折翼的天使搭建一个个成就梦想的舞台，让每个特殊孩子在寻梦过程中都能找到属于自己不一样的美好未来。

教育家精神不是空虚的，那些精神抑或思想养分是扎根在我们心里的，尤其是当我们遇到困难时，那些思想养分就能成为支撑我们前行的力量。一路走来，我积累了许多，也思考了许多，并将它们内化为如下行动指南。

指南一：坚定初心，仁爱生发无畏

因为弟弟患有智力障碍，从小我就立志长大后要成为一名教师，去帮助像弟弟一样有需要的孩子，帮助他们的父母重新燃起对生活的期盼。然而，当我毕业走上工作岗位的第一天，看到又聋又哑、神色呆板、行动笨拙、反应迟钝、生活自理困难，甚至行为失控的孩子时，更多是震惊、失落、无奈。有那么一刻，我想过要逃跑，但因为那个初心使命，因为仁爱的精神养分，让我再次鼓起了面对挑战的勇气。也因着这第一道养分，我坚持了下来，并发现教育实践中最好的历练就是我的学生们。

那时候，班上有位小陈同学，是一名典型的孤独症儿童，他是全校教师公认最难教的孩子，甚至还引起了其他家长的投诉。我当时就想要救救他，不然他有可能会重蹈我弟弟的覆辙。于是,我向领导主动请缨对他进行一对一帮教,可有一次冷不防被他重重地扇了一记耳光。面对这突如其来的"遭遇",我一下子蒙了,但理智告诉我,这只是孩子疾病所产生的一种"正常"现象。于是,我强忍着疼痛和委屈,快速调整情绪,继续讲故事。自那以后,小陈与我越来越亲近,最后终于融入班集体。我想,要不是那份初心,以及作为教师的使命和对学生的仁爱,我是无法在那样困难的环境中坚持下来的。

指南二:归正认识,正念生发智慧

在教育中要践行智慧育人,首先对学生要有正确的认识。曾经,残障孩子被歧视,被认为是"社会包袱";特殊教育学校,也被认为是残障孩子的"收容所"。可我从来不认同这样的价值观,我认为特殊儿童也有自己的未来,这也一直促使我不断思考特殊教育的价值。

首先,特殊学校要重新"定调"。我们要成为孩子的"加油站"——帮助残障孩子打开封闭的心灵、获得自主技能,支撑起他们生命的尊严与生活的希望。其次,特教教师要提高定位。只有自发的爱,远远不够,给予特殊孩子科学、适宜的教育,才是对他们最深沉、最真切的关爱。专业守护,才是大爱,才是真正的育人智慧。

记得1991年我产假中的一天,突然得知上海要举办首届学生艺术节,也邀请特殊教育学校参与。"多好的展示平台啊,我们孩子虽然特殊,但是一定也可以绽放光芒!"我不能放弃这难得的机会!于是我决定立刻提前上班,钻研适合孩子们的表演舞蹈。功夫不负有心人,我们编排参赛的两个节目分别获一等奖、三等奖,并荣获上海市特殊学校中唯一一个艺术节优秀组织奖。颁奖大会上,师生和家长一片沸腾:"谁说特殊孩子不行?我们也能和正常孩子一比高低!"

回想当初,正是对孩子们的正确认识才让我有了信心,想要去钻研和创新,找出适合特殊孩子们的舞蹈方案。当教师拼尽全力去帮助孩子们,用专业视野去托举他们,他们就会迸发出鲜活的生命力与创造力,让全社会都改变偏见、刮目相看。特殊儿童也是特殊人才,他们也可以拥有自己的灿烂舞台!这是对启智润心的最好实践。不论什么类型的孩子,当我们用智慧用心去引导,孩子们就会成长,开出美丽的花朵。

指南三:自我赋能,勤学生发创新

学生要出色,教师需要先行。教师要不断地为自己进行专业赋能,这样才能站得更高,孩子们才能走得更远。这本身也是教与学的相互促进,因为要为学生的未来筑梦,我们才会有动力去学习更多的知识;因为真心想要解决现实中遇到的问题,我们才能真的做到求实创新。

20世纪90年代初期,我国的中、重度智障教育起步晚、时间短,在一无教材、二无教学模式,教师又长期缺乏竞争意识的困难情况下,一支粉笔一本书,教师讲授学生听就是当时特教课堂的写照。这样的方法怎么能调动学生的积极性,提高学生的学习效果,给予他们公平适切的教育呢?于是,我决定带领青年教师一起探索研究中、重度智障儿童课堂教学模式。为了不断提升自己的专业素养,我双休日的很多时间都泡在上海书城和图书馆,如饥似渴地在有限的资料中寻找和阅读特殊教育的相关理论书籍。白天带领教师们教研实践,晚上继续挑灯夜战攻克理论难题。终于,我们团队总结出的愉快教学、情境教学、综合教学、感觉统合教学四种教学模式,得到了全校教师与领导的高度赞扬,也引起了上海市教育委员会教学研究室领导的高度重视,并在市级层面开了示范课。第一次"试水"成功,让我明白只有教师的专业耕耘才能为孩子们坚实筑梦。之后一套针对中、重度智障学生实施个别化教育计划的系统评估量表随之诞生,并在全校施教推广。

2002年,我所在的学校除了接收听障、智障孩子外,又接受了一个"全国第一"的任务:招收脑瘫孩子入学进行集中教育,此举开创了全国的先河。我们再一次开始接受新挑战,"把问题当课题,边研究边实践,拓展边界挖掘潜力为孩子圆梦"!就这样,十年磨一剑,我带领团队最终打造了一套行之有效的脑瘫儿童康复与教育的学校模式。2011年,由我领衔的"脑瘫学生康复与教育的实证研究"课题也捧回了全国教育科研优秀成果一等奖,开创了国内基础教育首获此殊荣的先河。

而今,在学科教育的课堂上,我又针对孤独症学生人数呈上升发展趋势的特点,大胆改进教学模式,提出生活与学习相结合的目标,并设置了两位教师同时作为教学主体的授课模式,大大提高了课堂教学效率。

在先后完成了上海师范大学专科、华东师范大学本科及华东师范大学特教系研究生课程班学习后,2013年起,我被华东师范大学特教系聘为本科生兼职导师。我想,这既是对我们一线专业实践创新的肯定,也是对我初心的认可。

实践以前,我没想到普通的教育工作也可以生发这么大的成就。我想这就是勤学笃行、求是创新的躬耕态度带来的力量。当一线教育工作者真在实践中践行的时候,就会将教育家精神和力量播撒在教育土地上,生发实实在在的果实。

指南四:火炬接力,使命点亮生命

教育是一项接力事业,教育家精神也需要被传递和传承,我们需要同伴和接棒手。教育是"一棵树摇动另一棵树",但我深知,独木难成林。为特殊儿童筑梦,需要多人接力,需要团队协同,需要代代传承。有情怀,爱以引发共情;有能力,达则兼济苍生。我们要将这份情怀和精神交接给更多的青年人。

在我的学校里,老教师带领新教师一直是传统。作为一校之长,我也努力为青年人搭建专业化的高平台,托举青年教师成长。自建校以来,在每四年一届的号称"上海教学奥运会"的上海市青年教师课堂教学评优活动中,经我手把手指导的年轻教师已连续五届荣获一等奖,成为上海特殊教育界的"唯一"。

在特教领域,播撒大爱的种子,引领家校社多方协同守望相助,扶持更多的人在这里扎根、成才、奉献、传承,才能扛起千家万户的梦,扛起教育之大任,书写公平之篇章。

如果把每位教师比作一棵小树苗,教育家精神就是助我们成长的养分,当我们每每以此践行,就会长大一点点,结出仁爱、勤学、无私、智慧、奉献、求实、创新等各样的果实。这样,才能真正地为我们的孩子筑梦,办好人民心中的好学校。愿每位教育工作者都能真正践行、传承教育家精神,成为真正的新时代教师。

(责任编辑:茶文琼)

坚守"根"的事业

郭宗莉[*]

教师是立教之本、兴教之源。2024年9月,习近平总书记在全国教育大会上指出,"要实施教育家精神铸魂强师行动,加强师德师风建设,提高教师培养培训质量,培养造就新时代高水平教师队伍"。中国特有的教育家精神,是2023年9月习近平总书记在致全国优秀教师代表的信中提出的,其核心内涵是"心有大我、至诚报国的理想信念,言为士则、行为世范的道德情操,启智润心、因材施教的育人智慧,勤学笃行、求是创新的躬耕态度,乐教爱生、甘于奉献的仁爱之心,胸怀天下、以文化人的弘道追求"。

当前,深入学习贯彻落实全国教育大会精神,实施教育家精神铸魂强师行动,要求新时代幼儿园教师在教育强国建设新征程上更好坚守"根"的事业,展现新面貌,历练新能力,为强国建设、民族复兴伟业作出新的更大贡献。

更好坚守"根"的事业是为了更高质量成就时代新人

2023年5月,习近平总书记在中共中央政治局第五次集体学习时强调,"建设教育强国,基点在基础教育"。学前教育在教育体系中居于起始位置,是"基础中的基础",旨在为人的一生发展打好坚实的基础,是"根"的事业。

为了"根"的事业,一代代教育家的信念与行动为我们树立了榜样。著名教育家陶行知提到"小学教育是建国之根本,幼稚教育尤为根本之根本",他深信如果全国教师对于儿童教育都有"鞠躬尽瘁,死而后已"的决心,必能为我们民族创造一个伟大的新生命。陈鹤琴先生则强调将"做人,做中国人,做现代中国人"作为教育目的,并指出"小孩子今日能够爱人,他年就能够爱国",呼吁要"保育民族幼苗"。人民教育家于漪老师谈及教育家精神的内涵时说,教师的工作"是教书育人、立德树人,我的工作质量是直接和国家的命

---

[*] 郭宗莉,上海市学前教育研究所所长,上海市教育功臣,上海市特级园长,特级教师。

运、民族的命运、老百姓幸福生活的创建血肉相连、休戚与共的"。一代代教育家心有大我、至诚报国的理想信念，彰显了教育家精神的国家立场，是教育家精神的根本底色，体现了教育家精神的价值取向。

我从事学前教育四十多年，亲历和见证了学前教育的改革和发展、教师地位的提高和巩固，同时在日积月累的实践中不断汲取和体悟教育家精神的力量，深深感受到学前教育是向下扎根的事业，根深才能枝繁叶茂、硕果累累。向下扎根，从根本上说是教育行动的立场。

首先，要坚持国家立场，扎根中国大地，办好人民满意的教育。习近平总书记在全国教育大会上强调，我们要建成的教育强国，是中国特色社会主义教育强国。"为谁培养人"和"培养什么人"是学前教育改革发展首先需要明确的问题。这要求幼儿园落实立德树人根本任务，坚持育人为本、育德为先，注重幼儿的良好品德和行为习惯养成，并潜移默化贯穿于一日生活和各项活动，将品德启蒙融入幼儿园保教活动的各领域和各环节，注重在生活和游戏中养成幼儿良好的品德行为习惯，以身作则、言传身教，培养幼儿爱自己、爱他人、爱家乡、爱祖国的良好品质，帮助幼儿"扣好人生的第一粒扣子"。

其次，要基于儿童立场，树立科学保教理念。核心要义是遵循幼儿身心发展规律和学前教育规律，相信每一个幼儿都是积极主动、有能力的学习者，充分尊重幼儿身心发展规律，尊重个体差异，把幼儿的发展特点和需要牢牢放在心上，专注于教育本质和育人过程，让幼儿在活动中体验生命成长的意义。只有当教师和幼儿共同参与到活动过程中，才能切身感悟到活动对幼儿的"意义非凡"。幼儿园以游戏为基本活动，在游戏中"有意义"的活动体现的是幼儿主动参与和充分选择的主体性，而不是被动接受的状态；游戏过程顺应幼儿学习与发展内在的有序性和活动环境的时空弹性，而不是在教师预定的模式中机械推进。有意义的活动应该是符合幼儿发展规律的，尊重规律容不得以空洞的概念来套用，而是要实实在在把握规律，不是把规律看成固定的特征，更不是将规律从通识性的书本上搬下来，或者以一个定义的固定概念来简单实践的做法。尊重规律应该是自身研究规律、熟谙规律，对一系列幼儿活动开展设计与再设计，从而涵养"启智润心、因材施教的育人智慧"。

教育强国建设要求幼儿教师展现新面貌

更好坚守"根"的事业，不仅要求坚定立场，更需要坚定追求。我个人体悟有两句话可以概括对"根"的事业的追求：一句是"把事业放在心上"，表明了对事业追求过程中永远有新的奋进目标,是一个愿意一辈子奋斗的、漫长的、艰苦努力的教育生涯;另一句是"把心放在事业上",表明了追求事业的行动。在似乎很正常的情境中发现问题并且善于提出问题,不满足于已有的现状和取得的点点滴滴成功,要求自己能将常规经验问题化。要经常告诫自己"勤于思考,乐于总结"。勤于思考就是给大脑留出空间,常发现,多分析,是什么、为什么、怎么办;而乐于总结是把工作中问题的解决过程转化为新的实践或契机,持续使自己重新站在一个新的起点。"勤学笃行、求是创新的躬耕态度"正是教育家一次次自我突破的活力之源。敢于突破,需要专业实践和学习理论的结合,需要艰苦奋斗并创造性地工作,需要从实际出发,不唯众,只唯实。正如老一辈教育家吕型伟曾说:"人云亦云不云,老生常谈不谈。"只图名、跟风走或模仿照搬不可能创造新的实践,事业的成功是实践积累的跃升,这是追求事业行动的必然过程。

面向2035,全国教育大会要求奋力谱写教育强国建设崭新篇章。广大幼儿教师和从事学前教育的工作者,要学习一代又一代教育家在长期育人实践中所展示的坚定信念、崇高人格和专业能力,积极践行教育家精神,把教育家精神化为从教的理想和追求,把师德师风落在实处,展现精神新面貌。

师德师风建设的切入口是师爱。师爱有丰富的内涵,体现了心怀大爱和担负责任的教育之爱。师爱决定了教师的价值观,支配着教师的育人行为,幼儿教师师德师风建设要汇集教育家和优秀教师的师爱事例,研究师爱的关键内容和具体行为。师爱行为需要理论滋养,也需要实践历练,要从小事做起,从日常抓起,落实培养幼儿教师的师爱素养与能力。

爱孩子,需要更科学地了解孩子。乐教爱生是教师之爱的具体要求,学前阶段是幼儿童年生命成长的起点,当我们每天面对各种各样的孩子以及孩子各种各样的言行时,如何寻找对孩子行为的恰当解释,如何从孩子的言行中辨别他们真实的需要,表明了教师对幼儿不仅要有情感上的关爱,更要科学地了解幼儿。整合"为了幼儿"与"基于幼儿"的价值内涵,是在保育教育实践中主动自觉地关注幼儿、理解幼儿、移情幼儿,设身处地感幼儿之感,让幼儿能表达自己的视角,能"是其所是"地呈现,获得感受、体验、观察周围世界的角度和立场。这就是教师具备了幼儿视角的表现,就是通常所说的"教师眼里有孩子"。

为了让广大教师更好地具备师爱素养与能力,要求在学前教育师范生职前培养的思政课中专设师德师风培养的课程,在见习、实习期间将师爱行为作为专业考核的重要内容。教研部门要系统研究将师爱转化为"深度理解幼儿、把握核心要素、创新适宜方法"的新时代幼儿教师专业行为。师训部门和幼儿园要将师德师风建设落实在教师师爱行为的表现上。

在教育强国建设新征程上历练新能力

"到 2035 年,教育家精神成为广大教师的自觉追求,实现教师队伍治理体系和治理能力现代化,数字化赋能教师发展成为常态,教师地位巩固提高,教师成为最受社会尊重和令人羡慕的职业之一",这是《中共中央 国务院关于弘扬教育家精神加强新时代高素质专业化教师队伍建设的意见》提出的目标。面对新时代发展要求,贯彻落实习近平总书记强调"大力弘扬教育家精神"和"把加强教师队伍建设作为建设教育强国最重要的基础工作来抓"的论述,高素质专业化的幼儿教师队伍建设,迫切需要让数字化赋能教师专业发展,让园长成为践行教育家精神的引领者。

首先,让数字化赋能幼儿教师专业发展。

它的核心是助力教师积极应用新技术,实现科学保育与教育。幼儿园要着眼于保教质量改进和教师工作效率提高,推动教师不断学习和分享数据收集、存储、使用,以提升教师的数字素养。目前,幼儿教师对数字化赋能保教实践和保教质量改进的深刻认识和应用实践能力还存在不足,教师职前与职后教育明显缺乏相关的专门培养。经济合作与发展组织(OECD)在《强势开端Ⅶ:在数字时代为儿童赋权》中提出了幼儿教师数字能力框架。我国在推进国家教育数字化战略行动中,为提升教师利用数字技术优化、创新和变革教育教学活动的意识、能力和责任,教育部研究制定了《教师数字素养》标准,并于 2022 年 11 月作为教育行业标准发布施行。上海在推进学前教育高质量发展的过程中,应率先探索幼儿教师数字素养提升的有效路径,走在全国前列。

一是主动拥抱数字化转型。主动拥抱数字化,不是零零碎碎、断断续续地收集使用数据,而是要求教师立足幼儿园高质量发展要求,积极提高数据管理能力,以及时全面获取、加工、存储、跟踪基本信息,比如幼儿的出缺席记录及教师的保教计划制订与实施记录的数据变化分析。教师还要能使用数字工具与幼儿家庭沟通,利用数字工具搭建数字家园共育平台,及时记录幼儿在园内的一日生活表现,如进餐、午睡、参与活动和在园情绪,确保家长掌握幼儿在园动态,增加家长对幼儿保育与教育工作的信任感。同时,教师可以向家长分享幼儿游戏、学习成长经历的可靠证据,帮助家长更全面地了解幼儿,从而促使家长在家庭教育中给予幼儿有针对性的支持。另外,还可以使用数字工具与个别幼儿家长进行交流,满足幼儿的个性化发展需要。

二是促进保育教育质量的提升。衡量教师数字素养是否增强以及多大程度的增强,关键是看教师在幼儿保育与教育中如何使用数字工具实施持续的质量改进策略。数字化是手段，目的是质量改进。教师除了发展自身能力外，还要在使用数字工具方面为同事提供支持。当教师的数字素养整体提升，将幼儿及其学习轨迹的信息实现汇集，才有可能实现基于数据的保教实践科学决策，才有可能为幼儿切实提供个性化的学习体验。

其次，幼儿园园长要率先成为践行教育家精神的引领者。

园长作为幼儿园办园与发展专业的领导者、管理者和教育者，更应以教育家精神的丰富内涵和实践要旨严于律己，充分发挥自身的榜样示范、引领、激励作用，带动全体教师践行教育家精神。基于新时代学前教育从民生之首到强国之要的发展要求，需要培养一批教育家型园长。我们曾多次聆听于漪老师对教育发展生动、精辟的思考，以及她乐教爱生、甘于奉献的感人事迹。如今她年事已高，但我们仍感动于她对教育现象精到的分析，以及对教育高质量发展的前瞻性观点，她总能提出让人振奋的实践方向。作为学前教育领域的高端人才，园长要具有坚守"根"的事业的学前教育初心，体悟教育家精神，自觉提升理论素养和不断进取的实践思辨能力。践行教育家精神，培育教育家型园长，需要提高园长培养培训的质量。

一是优化教育家型园长培养培训体系。教育家型园长需要不断学习发展，要深入领会习近平总书记关于教育强国的重要论述，深化对教育家精神的理解，了解和体悟教育家精神所根植的文化土壤、现实背景和发展需要，对照建设教育强国的要求，结合学前教育高质量发展的重要政策，进行系统学习理解和精神领悟。

二是创造有利于激发办园活力的制度环境。科学把握规范办园与激发活力的关系，鼓励支持幼儿园园长的改革和创新思想，以引领、参与解决学前教育发展中突出难点和问题的重大项目为载体，坚持长周期的深度实践，有效激发办园活力。

三是营造教育家型园长成长的良好环境。让园长能够专注于以教育家精神滋养和培育高素质专业化的教师队伍，专注于以自身的领导、管理和教育行为引领全园教职工，办好幼儿喜欢、家长满意的高质量幼儿园。尽量避免不必要的检查和过多重复的会务，要为园长"松绑"，确保园长每周领导保育教育实践与研究的时间不少于四分之三。同时，鼓励和支持幼儿园应用数字技术赋能园长和教师提高保教过程质量的自我改进，最大限度优化幼儿身心和谐发展的良好教育生态。

（责任编辑：茶文琼）

护长容短：读懂每一个鲜活的生命

徐 红[*]

很庆幸，我已度过第四十个教师节，从一名教师到一名校长，我对教育的理解始终伴随着自己的专业成长和学校的发展，这是人生非常有意思也非常有意义的体验。最近大家都在讨论教育家精神，我觉得其内涵非常丰富，理想信念、道德情操、育人智慧、躬耕态度、仁爱之心、弘道追求六个方面为教师职业生涯树立了灯塔标杆，每一位教育工作者不管最终能否企及教育家的目标，至少都要在正确的航线上前行。

我的教育经历大致分为四个阶段：第一阶段，尽力成就学生；第二阶段，尽责成就学校；第三阶段，尽心成全学生；现在教师生涯进入尾声，进入第四阶段。复盘我的教师职业生涯四十余年，对照教育家精神，感觉还有许多需要反思的地方。

在第一阶段，我算是个精益求精的"教匠"。我认真钻研实验教材，精心设计教学流程，研究"语文单元模块教学""小组合作学习"；我精批每一份作业，细析每一份考卷，辅优补差，不放弃一个学生，所带的学生成绩优秀，升学率在上海市名列前茅。我自豪地把比一般学校毕业生小两到三岁的学生送进重点大学，然后我也被评为"市园丁"、语文特级教师。

在第二阶段，我开始承担上海市实验学校（以下简称"上实"）的行政工作，校长助理、副校长、校长。我是个争强好胜的"干将"，我的目标宗旨是让这所在学制、教材、课程、实验研究都独树一帜的实验学校具有更广泛的社会影响力和辐射价值。我带领上实团队深入探究课程的内涵，引入多元课程资源，完善课程结构；积极推进教师专业发展，搭建各种平台，为各类型各层次教师提供学习和展示的机会；着力提升实验研究的学术水平，在实证、跟踪方面加大力度，在学生学习兴趣、学生个性观察、毕业生跟踪、教师课堂观察等领域做了大量的实验探索；申报了多项市、区级课题，并取得了多项成果奖。上实的办

---

[*] 徐红，上海市实验学校校长，兼任创新人才教育研究会副会长。上海市语文特级教师、特级校长，正高级教师，上海市教育功臣。

学质量和社会的美誉度逐年提升，由此我也评上了特级校长。

在第三阶段，当我沉醉于自己专业发展和学校发展的成绩时，有一天，我的女儿（她曾经在这所学校学习了十年）对我说："你有没有关心过你女儿是否开心？你有没有关心过你的学生心里在想什么？"这句话对我触动非常大。我的大量时间都花在撰写学校规划、教学成果报告上，而我对学生又真正了解多少呢？

我开始思考教育的意义与价值，把"认识人"放在了重中之重的位置。学校，打开校门，迎来的是一个个鲜活的生命体，他们出生在不同的年月，来自不同的家庭，身形外貌镌刻着祖辈的印记，大脑与内心是神秘的幽谷。所以，我们得去认识每一个学生，将其视为独一无二的精灵，我们不仅要知道他/她们的姓名、性别和外在形象等基本特征，更要由表及里地去了解其内心世界，如好奇心表现在哪些方面，天赋特长在哪个阶段显现，以及个性特征偏于哪类性向等。

因而我提出了"护长容短"的观点，认为儿童到青年按照一定的节律和轨迹成长，教育的功能是给予他们适宜的帮助。作为教育者，我们的具体做法是：尽可能给予孩子内心生长最需要的阳光，如果做不到，至少不要挡住阳光。每一个大自然的生命体都有其天赋潜能，生长发展都有天然的倾向，尤其是优势潜能。我们所讲的"长"，很可能在特定的时间才有，比如想象力在儿童阶段最旺盛，需要小心呵护，需要给予其自由宽松的环境，一旦受到摧残，很可能不可再得。每一个大自然的生命体也必有其短处，越名贵的花越难养护，人亦如此，长愈长，短愈短，懂得包容短处，才能保护好长处。

围绕着"认识人"，我带领上实的教师团队开始把目光从分数名次、奖杯证书的表象转移到学生个体身上，我们试图通过多观察、勤记录、细分析，了解学生每一天到学校的心情、学习的兴趣点与关注点、天性呈现的状态、特长与短板、与同学的相处模式、与家人的关系等方面。所以我们给学生录访谈视频，围绕五个问题：你每天来学校的心情如何？你对哪些学科最感兴趣？你做哪一件事很轻松又比别人做得好？你遇到困难会求助谁？你将来想成为一个什么样的人？我们每两年访谈一次，了解学生的兴趣、情趣与志趣。我们试图对学生从小学到高中直至毕业生后续发展做长期的、常态的跟踪，了解学生的天赋、个性、潜能与日后的生涯发展匹配程度。我们试图在成就每一个学生的时候能够更观照他的内心，回应他内心的真实需求，帮助学生成为最好的自己，做自己喜欢且能力匹配的事。

于是，学校的每一位老师不仅是学科的教授者，还是人的研究者。他们观察学生的行为细节并记录下来；他们分析学生行为细节背后的原因，然后对学生进行专业的引领。

由此，我们积累了一个个学生进入学校后全程的个性行为记录，形成了丰富的案例集。有了闵越的案例，我们为这个喜欢写作的学生提供了创作假，让他在高中阶段实现了完成一本长篇小说的梦想，并且帮助他进入上海戏剧学院编剧专业学习。有了王可达的案例，我们为这个有视觉艺术天赋的学生提供了特需课程，还让他为学校科创楼的一个楼层进行创意设计，并将他设计的实际图纸施工为样板。有了韩振的案例，我们为这个理科天赋出众且自我目标明确的学生提供弹性学制的机会，他15岁进入中科大少年班，列入了中科大优秀学生嘉奖的榜单。有了王子卓的案例，他的父母更关注他的成绩名次，而他喜欢钻研小发明，通宵达旦研究创新项目。后来他发明了盲人阅读器，被誉为最温暖的发明家，被评为全国最美中学生。

上实的课程设置也不再从学校本体出发，而是将学生的内在学习需求作为逻辑起点。教育的本质是促进每一个学生健康、全面地发展，激发每一个学生的潜能，发展他们的个性。学校通过核心课程和学养课程来满足学生基础教育的通识要求和个人全面发展的基本要求。那么，如何协调学生充分自由发展（个性潜能优势的发展）与基础教育通识要求（全面发展）之间的平衡？如何解决学生个性化发展（个性化教育）与班级授课制（划一性教育）之间的矛盾？仅仅有核心课程和学养课程还不够，这就需要我们依据学生个性特长，为他们提供因需而设的课程：学生提特需，教师做特备，学校做特供。

不知不觉进入了教师职业生涯的尾声，我进入复盘和反思，发现自己四十多年的教育还是存在很大问题，尤其对标教育家精神，我觉得自己办学的目光不够远大。从教育家精神的内涵看，我们不仅要关注学生的当下状态，着眼学生在漫长的学程中的变化，更要跟踪了解学生的未来发展。我们总是自以为一切为了学生的健康全面发展，但对学生毕业后，中学教育究竟在哪些方面给他们大学、工作发展奠定了很好的基础，他们是否都成为国家所需要的人才，我们是缺乏跟踪与反思的。

为此在2023年，学校耗时一年，通过各种渠道，收集了2000多名上实校友的信息，摄录了100小时的素材，形成了45分钟的纪录片《攀登》。从学生们的反馈看，自由的学习生态、宽容的教育态度、激发兴趣的活动、发现潜能的课程，都对他们日后的学习、工作和生活有极大的影响，而社会情感力的单薄导致有些学生初入社会后遇到一些困难。比较突出的是早期毕业生中有很多出国留学并留在国外工作的，他们生儿育女，生活过得不错，但对中国的发展关心不够。

最近有一个案例深深触动了我。2017届毕业的学生陈如月找到我们，想要重返学校参加高考，这令我非常惊讶。2017年陈如月考取了北大光华学院金融专业，她从小就展现出了强大的逻辑思维能力与分析天赋，选择金融这个当时炙手可热的专业，在老师和家长的眼中是顺理成章的。当时学校还将她作为优秀毕业生给她发奖，学校的荣誉墙上还挂着她的照片。可是陈如月说，随着大学课程的深入，尤其大二开始学习专业课后，她渐渐意识到，金融似乎并不是自己最感兴趣的领域。为此，她陷入了一段时间的迷茫和探索，并不断思考，自己想要为之终身努力的事业究竟是什么。大三下学期，她重新振作起精神，决心成为临床医生，认为能够帮助到需要帮助的人才是自己人生价值的体现。但当时因种种原因，她未能成功转专业。

2023年8月，陈如月回到母校，跟老师谈自己的想法。她说："很多人觉得我是有退路的，但我是背水一战，为了实现自己的从医梦，我必须再试一次。"为了考验她学医不是心血来潮，我专门与仁济医院急诊科、重症观察室联系，让她去真实体验医务工作者的辛苦。她回来跟我说，看到那些挣扎在生死之间的病人，更坚定了要去帮助他们的决心。于是学校决定，让陈如月以旁听生的身份进入课堂。

陈如月穿上当年的校服，跟比她小七八岁的同学一起迅速投入高考的准备中。时隔多年，高考已经有了很大的变化，老师们帮她梳理新课标下的学习要点，根据她的学习经历和备考历程，和她一起制订学习计划。

2024年6月，陈如月以社会考生身份参加高考，7月如愿等来了好结果——分数超过了上海交大医学院在上海综合评价批次的入围线。当她在上海交大医学院参加面试时，一位老师问她："你今年已经24岁了，假如录取了，8年才能读完博士，之后还要规培，你有想过，这个过程中自己需要付出的时间和各种成本吗？""这是成为合格医生所必须经历的，我不会因为纠结于这些而为自己的梦想设限。"陈如月这样回答。

基础教育的使命是要为国家培养一批有理想、有责任、有担当、有情怀的未来建设者。所以，教育工作者的目光不能仅停留在基础教育，而是要将眼光放长远，为学生的一生树立正确的价值观，引导他们将个体的兴趣发展为对国家有益的志趣，让他们的一生能为国家的强大富强贡献所学知识与能力。教育家精神就是每一个教育工作者心中的明灯，指引我们为国家和人类培养更多有用之才。作为教育工作者，只有理解了教育家精神，才能用家国情怀影响学生的一生。

在我教育职业生涯的四十多年里，我对教师职业的敬畏有增无减。独一无二的上实让我有机会了解小学至高中基础教育全学段的教育过程，并不断地跟踪到上实毕业生的后续发展。让我欣慰的是，上实毕业的学生无论是在事业还是生活上，都能以满腔的热情投入。在纪录片《攀登》中，学生是这样评价学校的：

它是我心中一个很纯净的地方，这是很难被替代的。

我觉得学校给了我很大的空间和自由度。让我走一些不同的路，去拓展自己的一些兴趣，我觉得这是上实带给我们最重要的东西。

学校鼓励你去做喜欢的事，或者要求你去反思自己的错误，并且去主动思考自己有什么改进的方案，能够让自己在未来做得更好，能够有一个切实可行的目标。

作为上实的毕业生，会探索人生的意义是什么，会在这个世界展示我们的独特存在。我希望把这种创新的学制，这种创新的理念，这种创新的培养方式继续下去。

（责任编辑：戴燕玲）

教育家精神：教师发展的"保鲜"与"增值"之道

冯志刚*

强国必先强教，强教必先强师。2024年8月发布的《中共中央 国务院关于弘扬教育家精神加强新时代高素质专业化教师队伍建设的意见》指出："要坚持教育家精神铸魂强师，引导广大教师坚定心有大我、至诚报国的理想信念，陶冶言为士则、行为世范的道德情操，涵养启智润心、因材施教的育人智慧，秉持勤学笃行、求是创新的躬耕态度，勤修乐教爱生、甘于奉献的仁爱之心，树立胸怀天下、以文化人的弘道追求，践行教师群体共同价值追求。"新时代教师发展，应把握教育、科技、人才一体化发展要求，持续内化教育家精神，认识到教师在培养德智体美劳全面发展的社会主义建设者与接班人过程中应达到的高度与可以达到的高度，持续学习与提升，保持教师专业发展的鲜活动力及与日俱进的生命力；学校应努力为教师发展"保鲜"创设力所能及的条件，促进教师在教育教学过程中不断"增值"。

内化教育家精神的新时代教师发展

人民教育家于漪老师说："一辈子做教师，一辈子学做教师。"上海市首届教育功臣唐盛昌校长说："教育是终生的准备与超越。"从他们的身上，可以看到教育家精神的光芒，同时也能让教师认识到要做好一名教师应根据时代发展要求与所面对学生的发展特点，进行育人方式探索，加强学习修炼，持续提升自己，让自身发展处于持续"保鲜"状态，做好学生成长的指路明灯。内化教育家精神的新时代教师发展"保鲜"，可以从哪几个方面锻造教师特质，学校应当为教师的成长创设怎样的条件，这是我们首先要思考的问题。

一是坚定理想信念，注重教育教学价值唤醒。

新时代教师要培养建设文化强国、教育强国、人才强国、体育强国所需要的人才，坚

---

* 冯志刚，上海市上海中学校长，数学特级教师，正高级教师，上海市教育功臣。

守为党育人、为国育才的价值使命，需要在教育教学过程中，除了授业、解惑，更要注重传道，注重在教育教学过程中对学生的价值唤醒，立报国强国大志向，引领学生认识自身成才是与国家、社会发展需求紧密联系在一起的。我们的学生未来面向的科技环境是不同的，为引领与适应现代科技的发展，需要培养学生足够的责任心、能力，来应对科技革命带来的颠覆性、突发性、集聚性、交融性等方面的挑战。[1] 教师应充分意识到现代科技发展给学校教育改革带来的新变化、新挑战，在教育教学过程中强化对学生担当国家强大、民族振兴使命的价值唤醒。学校应促进教师坚定"心有大我、至诚报国"的理想信念，在持续学习中思考与内化教书育人的价值追求。

二是陶冶道德情操，锻造教师德智交融本领。

教师的言行举止直接影响学生的言行举止乃至人生发展方向。古今中外好教师影响学生成长的例子不胜枚举，教师要做言为士则、行为世范的大先生，就需要持续陶冶道德情操，努力让自身的教学行为充满教育性，持续强化学科显性知识与实践缄默知识，深化教育教学过程中的德智交融。中小学教师不仅要具备扎实的教学理论知识和专业知识，更要在教育教学实践中修炼心境与品行。致力于拔尖创新人才早期引导与培育的教师，要引导学生创新思维与人格的提升，自身就需要持续锻造德智交融的本领。学校教育促进教师知识视野与道德情操紧跟时代发展，就需要引导教师获得自身理论和专业知识、跨学科知识、跨界合作知识、反思意识、批判精神等"多向度"发展。[2]

三是涵养育人智慧，内化教师专业知识素养。

新时代教师"保鲜"最为显性的反映是把握实施科技兴国、人才强国、创新驱动发展战略对人才培养的知识结构、能力结构要求，教师主动进行自身专业知识素养的持续更新与学习内化。教师教育在职培训课程以及自主学习内容都应根据时代的需求进行变化，"以教育家精神为指向的教师教育课程重构不应是宏大、学术化、机械的知识叠加，而应是课程知识意义结构的系统梳理，是教育家精神与课程知识整体的动态耦合"[3]。教师专业知识素养的提升，内化启智润心、因材施教的育人智慧，学校应努力引导教师处理好扎根

---

[1] 章俊良. "好奇心驱动"的拔尖创新人才培养探索 [C]// 上海交通大学致远学院. 创新致远，聚启未来：致远学院"拔尖人才培养国际论坛"报告选编. 上海：上海交通大学出版社，2020：75.
[2] 张爽，成欣欣. 中小学校拔尖创新人才培养的教师素养及支持策略研究 [J]. 中国教育学刊，2024（8）：14-20.
[3] 李洪修，刘笑. 教育家精神引领下教师教育课程的重构与实现 [J]. 高校教育管理，2024（2）：84-92.

中国大地与借鉴国际经验的关系，不断涵养教学技能与探究能力，把握专业方向与专长培育，创新育人方式。

四是秉持躬耕态度，坚持教育教学实践探究。

新时代教师"保鲜"的重要路径是躬耕三尺讲坛，坚持教育教学实践探究，从课程实施中遇到的问题入手，基于教育实践进行探究，弘扬教学学术，勤学笃行、求是创新。由于教师面对的教育对象各不相同，面对学生成长的问题也不同，就需要教师根据自身的实践、学生的实际、学校的实情进行高质量教学的探索与教育教学实践知识的内化。譬如上海中学集聚的学生资质相对优异，学校致力于拔尖创新人才早期培育，对教师成长要求而言，不仅要关注本身学科学生核心素养的内化，而且要强化对学生某一领域志趣的引领，关注大学和中学育人方式、内容等方面的衔接与深化。立足于学生创新思维的培养，教师应注重唤醒学生沉睡思维的提问，"把自主思考的指挥棒交还给学生。单纯地囿于教学内容的提问并不充分，围绕'元认知'的提问才能促进学生'思考自身的思考过程'"[1]。学校应鼓励教师在推进拔尖创新人才早期培育的躬耕笃行中，改变与学生对话、交流的方略。

五是勤修仁爱之心，恪守学生发展为本情怀。

教师的仁爱之心在恪守以学生发展为本的情怀中生长，这种仁爱之心是超脱于物质之外的一种精神状态。教书育人是用教师心灵影响学生心灵、用教师生命塑造学生生命的事业，教师需要在教育实践中净化外部诱惑，勤修仁爱之心。教师应把握既要尊重学生的个性和主体地位，理解学生的观点与情感，包容学生的缺点与不足，又要用自己的教育个性与教育智慧去鼓励、引导学生欣赏自己与悦纳自己，为学生营造寻找个人志趣、擅长领域与国家战略、社会需要相契合的导向，让每一个学生都有健康成长、人生出彩的机会。学校应创设学生优先、事业优先的良好氛围，促进教师认真学习、追求高质。

六是树立弘道追求，彰显以文化人问道本色。

新时代教师"保鲜"，是教师文化的生命力所在。教师以文化人，就需要持续问道，将对教育家精神的理解与内化转化为立德树人的实际行动，本身就是一种家国天下、以文化人的鲜明体现，"精神是文化的核心，教育家精神作为信念化的教育文化，是教育事业发展'活的灵魂'"。教师的持续问道追求，具有推进育人方式变革与教育教学改革的力量，"教

---

[1] 钟启泉. 中小学如何孕育拔尖创新人才[N]. 中国教育报, 2024-05-29 (05).

育家精神具有超越性，要发挥其内在的文化批判功能"[①]。教师的持续问道追求，要自己领悟培养德智体美劳全面发展的社会主义建设者与接班人的育人之道，要深刻感悟培养人才与满足社会需要的引领之道，要处理好扎根中国大地与借鉴国际经验的关系之道。学校要引导教师思考科技发展、国家战略需求的牵引，在一体化推进教育发展、科技创新、人才培养中找到以文化人的弘道追求。

内化教育家精神的学校有为之策

教育家精神是教师群体共同的价值追求。内化教育家精神的新时代教师发展"保鲜"，是伴随着教师发展"增值"的，学校应努力推进教师群体在教书育人过程中获得集体发展与个体发展的增值。习近平总书记在2024年全国教育大会上指出，要提高教师政治地位、社会地位、职业地位，这也是教师发展"增值"的重要体现。新时代教师发展"保鲜"，能持续增强教师教书育人的魅力与魄力。与此同时，教师发展的持续"保鲜"也必将带来教师集体智慧升华、教师个体能力增强、教师育人影响深远、教师价值实现认可、社会地位提升等多个方面发展增值。教师发展的"增值"不是自然发生的，学校应努力推进教师在内化教育家精神的教书育人过程中"保鲜"，努力采取切实有效的策略，给予教师成长的平台，推进教师在内化教育家精神的过程中得到发展"增值"，可以从以下六个方面进行探索。

第一，与学生共成长的修炼。教师发展的"增值"，与学生共成长是重要经历，所谓"教学相长"就是如此，在信息时代尤为必要。现代社会知识更新速度加快，教师要使自己的专业知识结构能够适应培养迎接未来社会挑战的人才，就需要不断学习与提升。尤其是面对资质相对优异的学生群体，对教师的发展要求更高。当学生水平处于（0，1）区间时，教师的角色是"领着跑"；处于（1，10）区间时，教师的角色是"陪着跑"；处于（10，100）区间时，教师的角色是"看着跑"，把好方向、适当引导，不让学生只痴迷在一个很狭窄的方向上。

第二，向课堂要质量的磨炼。教师要留给学生充分、自主发展的时间与空间，就需要向课堂要质量，不搞"加班加点"的应试与题海战术，就要精心备课、精心挑选习题、精心批改作业并反馈，就要把每一节课上好，而且要保持高质量。这就对教师的课堂教学内容

[①] 陈煌，杨兆山. 教育家精神的文化逻辑[J]. 中国教育学刊，2024（8）：48-53.

的安排、教学方式的选择、教学评价工具的编制等提出了高要求,要求教师的课堂驾驭能力、课程内容重组能力、教学组织能力得到进一步磨炼,从而实现教师发展的增值。上海中学向课堂要质量的教师引导,体现在让教师在规定的课时里讲授国家必修加校本补充内容,不准加课;自修课让学生自由支配,不准教师进入授课;对于学生的作业练习控制在适当量里,布置作业就要认真批改、及时反馈。教师在这样的教育教学环境中磨炼出向课堂要质量的内功,从而给学生留出更多的时间上选修课程或参加课题、项目研究与社团活动。当然教师也在引导学生兴趣、潜能开发的选修课程开发与指导学生开展课题、项目研究中持续生长与获得自身发展增值。

第三,教研共同体打造的历练。教育家精神是教师群体的共同价值追求,也同样需要打造教研共同体的滋养。教研共同体的核心在于"共同研讨、相互启发",借助教研共同体来凝聚智慧,发展教育教学专长,让教师团队获得整体提升的同时,每一个教师的专长得到认可、鼓励与发展。因此,要努力创设学科教研组的学术研讨活动、不同学科教师共同参与项目课题研究平台,以及组织教师参与学校、区域乃至省市级层面的交流培训,让教师得到教研共同体的历练。教研组共同帮助教师开设公开课、研讨课等磨课过程,跨学科教研与课题研究过程,都是教师专业发展增值的具体体现。

第四,大学与中学合作育人的淬炼。教师在育人过程中的成长,不仅需要借助校内教师共同体自身的推进与导引力量,还需要大学等校外资源的融入。每个学科的发展前沿,高校专家在学术研究上有优势,在引导学生学术志趣上加强大学与中学教师的合作育人,既能创设学生多领域学术志趣发展的良好空间,也能为中学教师的学科领域认识提升提供更多的载体。大学与中学合作促进教师跨越边界学习,通常会促使教师重新检视自己之前的惯常假设及长期的专业实践,进而引发深度学习以及思想观念和行为系统的变化。[①]

第五,数字化教育转型的锻炼。新时代教师发展增值的一个重要方面是借助现代数字技术、智能技术的发展,促进教育教学方式的数字化、智能化。教师大力推进基于数字技术或智能技术平台对学生进行大规模因材施教与融合数字技术的个性化教学,不仅需要提升现代技术运用能力,而且需要分析、研究教育数字化转型视野下学校教育教学行为与方式的变革效能。教师应当充分认识到:"让孩子不被人工智能取代,重塑学校这件事,你每

---

① Tsui A B M, Law D Y K. Learning as boundary-crossing in school-university partnership[J].Teaching and teacher education,2007(8):1289-1301.

走慢一步,就会让年轻人在面对未来真实社会的洗礼时更加脆弱,更加不堪一击。"①

第六,不拘一格用人评价的熔炼。习近平总书记强调教师要坚持教书与育人相统一、言传和身教相统一、潜心问道和关注社会相统一、学术自由和学术规范相统一。② 基于此要求,新时代教师发展评价既要注重基本要求的达成,也要凸显教师专业与教学个性发展的尊重和持续提升,形成不拘一格用人评价的熔炼空间。这种空间主要体现在教师引领学生思想境界提升的方式多样化,体现在促进学生学术志趣聚焦的个性化知识生成上,体现在教师教学个性引领学生个性潜能的开发上,体现在教师大局观大视野中的思政引领力上,体现在把握国家战略要求与学生潜能开发的结合度上,体现在自身扎根学校沃土与借鉴国际国内同行探索经验进行切合学生发展实际的运用上。

内化教育家精神的教师发展"保鲜"与"增值",是伴随着教书育人的过程持续生长的,既要关注教师在学校教育教学过程中的内生动力养成,更要注重学校生长土壤的创设与培育。"教育家精神的培养不单是一个将外在要求内化的过程,更是一个由内向外生长、展开的过程。培养教育家精神,不仅要在精神或心理世界唤醒'小我—大我—无我'的个体生命意识,而且要在'悟道—传道—弘道'中涵养个体的教育情怀,还要发展个体'生存—生活—生生'的实践智慧。"③ 内化教育家精神的教师发展"保鲜"与"增值",是与自身政治地位、社会地位、职业地位的提升联系在一起的,让教师成为最受社会尊重的职业之一,是教师集体成长与个体发展融为一体的探索过程。

(责任编辑:李玮)

---

① 托尼·瓦格纳,泰德·丁特史密斯. 为孩子重塑教育:更有可能成功的路 [M]. 魏薇,译. 杭州:浙江人民出版社,2017:中文版序.
② 习近平. 论党的宣传思想工作 [M]. 北京:中央文献出版社,2020:278.
③ 靳玉乐,王潇晨. 论教育家精神的培养 [J]. 教育研究,2024(8):24-33.

支持每一位学生全面而富有个性的学习与发展

董君武*

2023年教师节前夕，习近平总书记致信全国优秀教师代表，提出并阐释了具有中国特色的教育家精神："心有大我、至诚报国的理想信念，言为士则、行为世范的道德情操，启智润心、因材施教的育人智慧，勤学笃行、求是创新的躬耕态度，乐教爱生、甘于奉献的仁爱之心，胸怀天下、以文化人的弘道追求。"这六个方面成为新时代教育工作者的精神追求和行为准则。2024年8月，《中共中央 国务院关于弘扬教育家精神加强新时代高素质专业化教师队伍建设的意见》明确提出，"教师是立教之本、兴教之源，强国必先强教，强教必先强师"，强调要"把加强教师队伍建设作为建设教育强国最重要的基础工作来抓"，要"加强教师队伍思想政治建设""涵养高尚师德师风""提升教师专业素养""加强教师权益保障""弘扬尊师重教社会风尚"，努力"打造一支师德高尚、业务精湛、结构合理、充满活力的高素质专业化教师队伍，为加快教育现代化、建设教育强国、办好人民满意的教育提供坚强支撑"。这要求当前的学校办学必须完善学校治理，将教育家精神融入教师培养、研修和发展的全过程，贯穿教师课堂教学、科学研究、社会实践等各环节，努力以教育家精神引领激励教师专业成长与发展，引导广大教师将教育家精神转化为思想自觉、行为自觉。

当前世界正处于百年未有的大变局，国际形势错综复杂，同时人工智能技术及其应用迅猛发展，都在改变着社会，改变着人类生存与生活方式，也深刻改变着教育。党的二十大报告明确指出：教育、科技、人才是全面建设社会主义现代化国家的基础性、战略性支撑。应对世界变局和技术发展，必须坚持教育优先发展的国家战略，必须集中精力抓好拔尖创新人才培养。教育是党之大计、国之大计，而人才培养关键是教师，强教必先强师。因此，我们必须以教育家精神为引领，促进教师专业成长与发展，引导广大教师以家国情怀和教育理想为内驱力，进一步将先进的教育理念转化为推进改革的教育行为，投身于教

---

* 董君武，上海市市西中学校长，教育博士，正高级教师，上海市特级校长。

育实践与研究，力争成为具有教育家特质的优秀教师。

多年以来，上海市市西中学坚守教育理想，追寻教育本原价值，探索教育规律。学校教师以"崇高的师德、自由的思想、独立的人格、民主的精神、包容的心态、专业的素养和创新的能力"作为名师追求的基本内涵，并努力将这一目标转化为变革教育的探索性研究与教书育人的实践行为，致力于将学生培养成"尊重规则会选择、合作包容有爱心、实践创新善质疑、身心健康全人格、胸怀天下担责任"的，具有学校"好学力行"文化特质的未来优秀人才，促进每一位学生全面而富有个性的优势学习与卓越发展。

支持学生全面而富有个性的学习与发展，需要建设一支高素质的教师队伍。这需要以教育家精神激励教师专业成长与发展，引导广大教师在认识和实践上理解、把握和处理好人类学习与教育、教育目的与结果、教育内容与方式、现实世界与未来这四对关系，以更好地体现和践行教育家精神，培育和造就一批教育家型的优秀教师。

以教育家视角，把握学习与教育的关系

学习是人类与生俱来的一种天性，每个人出生之初，就开始了伴随一生的学习旅程。人一出生，就开始观察和思考大千世界，模仿成年人的语言和行为，即使没有父母刻意地教，正常的孩子都能自己学会走路，学会说话。而且，在孩子学会说话之后，碰到新奇的人和事，都会不断地追问："这是什么？""那是为什么？""这要怎么办？"所有这些问题，本质上是孩子面对未知世界，源于人类本能，发乎内心的探究与学习过程。

有专家提出，人类的认知主要有三个途径，即社会进化、基因遗传和个体学习。社会进步而创造的人类文明所投射形成的文化，深刻地影响着生活在某一地域的人们的思想与行为，影响着他们的价值准则和行为判断，这就构成了人类认知的重要来源。可以说，学习能力是人类写入基因的一种遗传素质，并在每个人后天的社会实践活动中得到持续的提升与发展。而教育则是伴随着人类社会漫长的进化而产生并发展起来的。为了支持生命个体学得更快、学得更多、学得更好，随着人类社会分工的出现，在父辈向孩子本能地直接传授生存和生活技能的基础上，出现了以传授特定技能为主要内容的学徒制教育形态，并逐渐发展成今天普遍存在的学校教育，从而更好地支持每个个体的学习。

在教育家精神引领下，广大教师应该以教育家视角，更加清醒地认识到：人类学习先于教育而存在，教育则是人类学习非常重要的支持条件和实施路径，而这种条件的实质是一种外部条件，对学生而言是一种外因。因此，教师在教育过程中，应该将激发学生学习

的内驱动力作为首要任务，引导学生对自己的学习负责，保持对未知世界的强烈好奇心和探究的欲望，在持续的学习过程中，发现和培育学习兴趣，并投入充分的时间与精力，进而将这种兴趣转化为人生追求和目标。

以教育家情怀，厘清目的与结果的区别

教育是为了更好地支持学生学习而产生的，教育的目的应该是让每个人拥有更加美好幸福的人生，让我们共同生活的这个社会因每个人的更加美好而和谐繁荣。在这样的教育目的引导下，广大教师应该关注每一位学生发展的内在需要，更加关注学生的全人培育和发展。因此，在现实社会中，通过学校教育活动，希望学生考出好成绩，进入理想大学深造，今后有一份高薪的工作和满意的生活，这可以成为学校教育自然产生的结果，而不应该成为教育刻意追求的目标，更不应该成为教育的目的。

因此，以教育家精神引领教师的专业成长，必须引导广大教师以教育家情怀，深刻理解教育目的，深刻理解教育"为谁培养人""培养什么人"这些核心问题，这样才能准确把握教育目的、教育目标和教育结果三者的关系，真正厘清教育目的与教育结果的区别，才能从根本上避免将教育异化为简单地追求升学率的工具。

以教育家精神作为价值追求的教师，必须牢记教育的本原价值，支持每一位学生全面而富有个性的学习与发展，全面关心学生的精神成长、身心健康和人格形成，引导学生为了美好幸福的人生而刻苦学习。这样，才能使教育真正承担起文化传承、传递、传播和创生的使命，使我们不会因为教育的无序竞争而焦虑不安，从而使我们共同生活的世界拥有更多理解、和谐、美好与幸福。

以教育家智慧，探寻内容与方式的变革

人类依靠语言进行思维，并通过语言将思维的过程和结果表达出来，从而实现人类文明成果的同时代传播和跨时代传递。在人工智能技术与应用迅猛发展的今天，人类还能够超越机器人的能力也许只剩下人类的大脑及其思维了。所以，今天的教育必须更加关注学生高阶思维的培育与发展。事实上，过多重复性刷题而习得的熟练性，很可能固化更多神经元之间的联结，从而造成神经元联结灵活性的降低，对学生未来的创造力表现产生消极影响。

人，生而不同。每个人都是独特的生命个体，都具有各不相同的个体特质，都有各自

的学习偏好与发展需要。每一位学生都具有不同方面的智能,而且都存在相对优势和相对弱势的智能。学生对于学习内容、学习方式、学习时间和学习空间都存在各自的偏好,运用优势学习方式在优势学习时间和空间中学习,他的学习效率会更高,学习效能会更强,学习效果也会更好。因此,教育必须因材施教,满足每一位学生基于个体现实的发展需要,实现学生全面而富有个性的发展。这要求教师具有教育家的智慧,更多关注学生的学习差异,更加有效地开展各类教育教学活动,提供具有充分选择性的课程与教学,让学生发现自己的优势学习内容和优势学习方式,并投入更多的优势学习时间,从而更好地实现学生的优势学习与发展,这对于个体和社会的人力资源价值实现来说,都是大有好处的。

所以,以教育家精神引领教师专业成长,必须引导广大教师充分关注学生个体特质与发展需要,关注学生的学习基础与现实差异,在学生的学习内容、学习方式、学习时间、学习空间等方面的选择上提供有针对性的指导,真正落实教师因材施教,学生因需而学,以更好地回应"教什么""学什么"和"怎样教""怎样学"的教育命题。

以教育家胸怀,放眼世界与未来的趋势

教育是面向未来的事业,教育是为未来社会培养人才。因此,教育必须超前于社会经济的发展,教育工作者必须以前瞻性的眼光去思考社会的发展趋势,探寻未来社会优秀人才的能力与素养结构模型,以此来建构今天的教育。我们必须审慎思考今天的教育的培养目标、内容和方式,应该将学生持续学习欲望、探究能力和高阶思维能力的培育,以及团队合作和幸福生活能力的培养,作为教育的重要目标与内容,才能使今天的教育培养出来的学生可以更好地适应未来社会的发展需要。

因此,以教育家精神引领教师专业化成长,应该引导广大教师立足现实,以教育家胸怀放眼世界、放眼未来,在全球化、构建人类命运共同体的视野中,把握人类社会未来发展的方向和趋势,以此建构今天的教育。

人工智能等技术的发展与应用,正在改变着人类和社会文明,改变着世界格局与国际关系,改变着地球上的每一个人,也改变着教育以及未来所需要的优秀人才的特征。今天的教育急需一批具有教育家精神的优秀教师,广大教师要"以教育家视角,把握学习与教育的关系","以教育家情怀,厘清目的与结果的区别","以教育家智慧,探寻内容与方式的变革","以教育家胸怀,放眼世界与未来的趋势",培养"具有德性,人格健全;具有悟性,灵魂自由;具有理性,思维活跃;具有感性,艺术灵动"的未来优秀人才。

(责任编辑:戴燕玲)

守正创新,养育好每一个幼童

凤 炜*

教师是立教之本、兴教之源。用教育家精神塑造师魂,引领广大教师坚定理想信念、陶冶道德情操、精进育人智慧、修炼躬耕态度、秉持仁爱之心、恪守弘道追求,是推进教育事业整体发展的重要动力和保障。作为教师队伍的一分子,幼儿教师也要在守正创新中将教育家精神转化为思想自觉和行动自觉,以至诚报国的理想信念和因材施教的育人智慧养育好每一个幼童,从而切实推动社会的进步与发展。

热爱儿童,滋养根基

中国福利会幼儿园是由中华人民共和国的缔造者之一、国家名誉主席宋庆龄同志亲自创办的研究型、示范性学前教育机构。宋庆龄同志把自己的一生奉献给了祖国和人民,尤其是以满腔的爱对待儿童,用生命践行了她自己所倡导的"把最宝贵的东西给予儿童"。爱是儿童生命的根基,是儿童发展最宝贵的东西。

首先,勤修仁爱之心,看见并珍爱"每一个"。

教育家精神是一种高尚的职业素养和人文关怀,体现了教育者对铸魂育人、缔造未来的坚定信念,以及对每一位学生的理解包容和无私奉献。唯有具备了这样的精神品质,教育者才能真正以"爱"育"爱",助力儿童成长。

记得于漪老师在一次接受电视采访时,主持人出其不意地抛出"难题":请于老师说出她所带的某届某班3名学生的姓名。我本想于老师做了几十年的教师,育人无数,突然要说出几十年前所教的学生姓名,真有些强人所难了。没有想到,毫无准备的于老师笑眯眯地报出了该班所有学生的姓名。这绝不是单靠强大的记忆力或超人的教学技巧就可以做到的事情,如果没有对每一位学生深切的关爱,没有对每一位学生"独特性"的熟知,怎么

---

* 凤炜,中国福利会幼儿园园长,正高级教师,上海市特级校长。

可能信手拈来、如数家珍？

对于常人，喜欢与不喜欢都可以凭着个人喜好，但既为教师，不仅要公平地对待"每一个"，还必须发自肺腑地珍爱"每一个"。教育者应勤修仁爱之心，重视每一位学生的未来，无论眼前的他们聪慧与否、灵活与否、漂亮与否，都不应该影响他们在教师心目中的地位，这是一种有教无类的师者风范。幼儿教育的特性要求教师以"爱"育"爱"。2—6岁的儿童是最柔软的群体，他们的肌体尚处于娇弱稚嫩的萌芽期，动作、思维、语言表达、行为表现、自我防护等各方面的能力都极为有限，在离开父母照护的幼儿园环境中，尤其需要教师无条件地关爱与呵护，需要教师以"热爱"唤醒儿童知爱、会爱的潜能。幼儿教师需要在一日活动的每一个"寻常"时刻都发自内心地爱护每一个儿童，关注他们的兴趣、需要和与众不同的独特性，帮助他们找到适合自己的学习方式和发展路径，用"爱"滋养儿童的生命根基，为他们的可持续发展奠定坚实基础。

其次，常修躬耕之行，坚守朴实的"寻常"时刻。

教育家精神是一种对"寻常"工作的敬畏，这种敬畏表现为在日常生活中对养育好幼儿的坚定信念，表现为长期坚守、积跬步以至千里的工作态度，表现为脚踏实地、勤奋耕作的做事方式。在幼儿园日常保教工作中，有师幼精彩互动、儿童大放异彩的"哇"时刻，但更多的是吃喝拉撒的"寻常"时刻，这些看似"寻常"的琐碎工作恰恰是造就"哇"时刻的重要基石，这就要求幼儿教师甘于俯身躬耕"寻常"时刻，脚踏实地深入了解儿童发展的规律，反思并不断改进自身的思路和方法，从中积累保教经验，精进专业素养。

中国福利会幼儿园老园长陈善明老师是宋庆龄同志于20世纪50年代初从哥伦比亚大学教育学院引进的硕士研究生。当时，中华人民共和国刚刚成立，物资十分匮乏，孩子们存在吃不饱的现象。陈园长就带领保教人员从食材采购、食品烹饪、粗细粮搭配等多个方面入手，尽可能让孩子们拥有"饱腹感"。随着国民经济向好发展，幼儿园的食品储备逐渐宽裕起来，但由于缺乏计划性，幼儿伙食出现月头"大吃"、月尾"穷吃"的现象。陈园长开创性地带领大家研究制订每月菜谱，均衡幼儿每日营养摄入；同时，通过营养分析，优化食材采购，将奶粉等改为营养价值更高的鲜奶等食品，让幼儿们不仅吃饱，而且吃得均衡有营养。随着经济进一步发展，餐桌上的食品更加丰富起来，挑食现象开始显见于幼儿日常饮食。陈园长及时发现问题，带领大家研究如何让幼儿们爱上不喜欢吃的菜，创新形成"去味""变嫩""融合"等一系列儿童菜肴烹饪技法，让幼儿爱上有异味、难咀嚼等之前不喜欢吃的菜，促使其营养摄入更加全面丰富。"吃"是幼儿教养工作中最为平常的事情,但又是儿童发展中最为基础的内容,陈园长几十年如一日躬耕于"寻常",加强科学研究,带领全体教工敏锐捕捉不同时代背景下儿童的发展状况,在日复一日的"寻常"中发现问题、寻找契机,从"吃饱""吃好"到"样样都吃",长周期地持续追随并精准支持儿童的发展需求,练就了不凡的专业功力。

"躬耕之行"是一种胸怀大我、无私奉献的社会责任,是将儿童的健康成长视为己任的高尚师德风范,是在平凡的日常工作中坚持滴水穿石的坚韧意志,持久地投入大量的时间、精力、智慧等,帮助儿童切实解决成长道路上的困难,努力为他们创造良好的生活和学习环境。

从"心"出发,因材施教

于漪老师认为,跟"爱"具有同样分量的是"心",教育教学的成功秘诀在于师生之间的心心相印。践行教育家精神,必须从"心"出发,用自己的真情实感去感染和带动儿童,去激发儿童生命的活力。

一是理解与人文关怀。

教育家精神是对教育事业的投入与奉献,是对儿童的人文关怀与高度责任感,这种精神不仅体现在教育者的职业操守中,更体现在对儿童成长的深刻理解与积极引导上。

在九月开学的第一天,小班幼儿们在老师的提示下有序地上厕所,唯独胖乎乎的东东坐在座位上,低着头倔强地说着"我不要",小屁股却在椅子上不停地扭动。老师见状会心一笑,拿来一个彩色的尿壶,轻轻附在东东耳边说:"我们不上他们的厕所,我们去小房间上厕所。"东东一听,紧张的神情立刻松弛下来,乖乖地牵着老师的手走向小房间……如果不是开学前用心做足"功课",老师不可能了解到东东目前尚不会自理"二便"等生活细节;如果不是设身处地地换位体察,老师也不会细心呵护东东的自尊,带他到小房间单独小便。对于年幼无知的学龄前儿童而言,他们对于情感的体验与理解更优于语言,心心相印的情感更易于引发他们的共鸣与回应,并且保持深刻、持久的记忆。因此,幼儿教师应重视用"心"去体察儿童的年龄特点和内心需求,用"心"去实施个性化指导与日常照护,用一颗炽热的"心"去叩动一颗颗稚幼的灵魂。

教育家精神是用心用情去深刻地理解儿童,不仅理解儿童的年龄特征、个性特点,还要理解不同处境中儿童的真实意图;教育家精神还是一种人文关怀,关注儿童的心理健康和情感发展,包容他们的独特、不足乃至错误,并通过心与心的碰撞,给予儿童积极鼓励和适当支持,让每一个儿童都有机会在有温度的关怀中形成积极向上的人生态度,实现健康、快乐地生长。

二是尊重与适切支持。

教育家精神要求教育者将每一个儿童视为拥有基本权利的独立个体，强调对儿童的尊重与支持，重视为儿童健康成长构筑平等、友好、自主的教育环境。

尊重与支持儿童，意味着倾听并重视儿童的声音；尊重与支持儿童，意味着创设一个友好的环境。尊重，就要接纳他们的多样性，理解他们的喜怒哀乐，包容他们的笨拙与顽劣，欣赏他们的平凡与稚嫩；给予儿童有力的支持，就是让每一个儿童生活在不必担心受到批评、惩罚或漠视的环境中，让他们感受到温暖与包容，有足够的勇气和信心去探索、尝试。儿童拥有独特的视角，用心倾听他们关于生活、学习、运动、游戏的意见，不仅可以让他们感受到自己被重视、被理解，让他们的需求与情感得到满足、自信心得到增强，而且可以帮助教师更好地了解儿童的所思所愿，更有效地支持他们的成长，构建良好沟通与信任的师幼关系，让儿童在安全、包容的环境中幸福快乐地成长。

尊重与支持儿童，意味着赋予儿童充分的自主空间。教师应适当放权，引导儿童学会选择，鼓励儿童对不同的选项进行分析、判断与决策，帮助儿童学会对自己的选择负责，让儿童在自主活动中逐渐理解自我、增强自信心与责任感，为未来的挑战做好准备。

理解与尊重不仅是身为教师的道德责任，也是因材施教的始发点。因此，幼儿园帮助教师更加深入地理解每一个儿童的兴趣爱好、情感需求、发展水平等，从而制订符合他们需求的教育方案；引领教师尊重儿童的个性差异，理解他们的独特性和价值，让每一个儿童感受到被重视和认可，进而激发儿童自我完善的内驱力。

情景交融，以文化人

所谓教育，是教天地人事、育生命自觉。立德树人是教育的本质。依托文化的力量塑造个体品格，帮助儿童更好地理解他人、包容差异，提升自身的道德和情感素养，为构建更加美好的未来奠定基础。幼儿教育需要密切联系儿童现实生活，充分运用生活中的文化元素，满足儿童的兴趣探索和发展需求，促使儿童在富有生活情趣的文化海洋中获取养料、健康生长。

一是以真实情境涵养健全人格。

现实生活是立德树人的绝佳资源。将儿童的现实生活加以简化、美化、拓展之后移植到幼儿园的主题情境中，促使儿童在积极情绪与生动活动的交互作用下，在似曾相识的情境中运用经验、改造经验，通过发现、尝试、思考、实践，逐渐形成初步的道德认知和情感。比如，我们在"孕妈奶爸"活动中，让女孩们模仿妈妈挺着大肚子，男孩们模仿爸爸抱着小娃娃来到幼儿园。他们嘻嘻哈哈、打打闹闹，兴奋之情溢于言表。但是，随着新奇感逐渐消失，接踵而来的"不便"与"麻烦"让幼儿们的快乐情绪逐渐消减，取而代之的是越来越增强的无助与苦恼。受小娃娃的拖累，他们不得不放弃自己喜欢的游戏、运动，原先轻松有序的学习、生活变得手忙脚乱、顾此失彼。这段焦头烂额的经历，让幼儿们切实体会到真实生活中爸爸妈妈的辛劳以及对自己的付出，并由衷地萌发爱父母的情感。

在日常保教工作中，教育者不仅要重视知识传授，更要重视对儿童的全面关怀和人格塑造，让儿童在幼儿园情景交融的"生活"中体验亲情、友爱、集体主义等优秀文化，感悟粗浅的价值观和人生观，以文化涵养儿童的健全人格，帮助他们扣好人生的第一颗纽扣，形成良好的思想品德和行为习惯，使他们在未来的道路上走得更稳、更远。

二是以传统文化激发生长动能。

传统文化蕴含着长期积淀的历史和价值观，让儿童接触和学习优秀传统文化，可以增强他们对自身文化的认同感和自豪感，激励他们成长为主动、自信和富有创造力的人。

以传统节庆为例，其教育价值涵盖了道德、情感、认知、实践等多个维度，不仅能为儿童全面发展提供丰富的学习资源和机会，而且能为其确立积极向上的人生观奠定良好基础。在庆元旦活动中，教师向幼儿们提出了"制订团圆饭菜单"的倡议，瞬间一石激起千层浪，幼儿们纷纷提出疑问：什么是"团圆饭"？"团圆饭"菜单与我们平时的菜单有啥不一样？当他们把各自收集到的菜单拿出来分享时，一股浓浓的喜庆氛围扑面而来：如意卷，代表吉祥如意、万事顺意；红烧肉，寓意红红火火、繁荣昌盛；油爆虾，表示不断进步、节节攀高……透过如意口彩，幼儿们对阖家欢聚、共享天伦的中华文化有了直观感知。浓浓的文化情，撬起了儿童主动生长的内驱力，激发起他们主动探索节庆背后丰富多彩的文化内涵的兴趣，并在探究体验、反思创新中快乐成长。

教育家精神是在"缔造未来"的教育实践中所展现出来的坚定信念和致力于改变个体命运、推动社会进步的道德追求与无私奉献。教育家精神激励着教育者胸怀责任和使命，赋予教育者持之以恒、创建美好未来的坚强力量，引领着教育者不断学习与反思，以言传身教培养儿童，使他们拥有关爱心、自主性、文化情，启发他们独立思考、创新实践，从容应对未来的挑战。

（责任编辑：戴燕玲）

技道合一：涵育未来教师的教育家精神

王 健*

师范教育是师资队伍建设的源头，是贯彻教育家精神的基础。作为上海基础教育重要的师资摇篮，建校 70 周年以来，上海师范大学一直恪守"师道永恒"的办学传统，为人民城市办好人民满意的基础教育培育优秀教师。近年来，学校深入学习贯彻习近平总书记关于教育的重要论述和全国教育大会精神，全面落实立德树人根本任务，自觉将教育家精神融入师范生培养全过程，以教育家精神为思想指南，筑牢新时代师范生成长成才之本，矢志为党和国家培养心系"国之大者"的新时代"大先生"。

大道至简：坚守师范使命，培养新时代的大先生

在百年未有之大变局中，在教育强国建设的事业召唤下，我们紧紧围绕《中共中央 国务院关于弘扬教育家精神加强新时代高素质专业化教师队伍建设的意见》主动转型升级。通过大量调研、走访、座谈，跟踪毕业生在基础教育任教的质量和特点，分析基础教育改革趋势和用人需求，出台《卓越师范生培养改革三年行动方案》，"坚守师范使命，培养新时代大先生"的培养改革的整体思路逐渐成形，即一个原点、三个命题、五大理论和十大举措。

站稳一个原点，明确师范院校在教育强国建设中的历史责任。学校通过教育教学思想大讨论，凝聚思想共识，明确教师教育是连接"作为基点的基础教育"和"作为龙头的高等教育"的关键结合点，形成专注培养适应基础教育现代化的新时代教师系统性培养目标。坚持"一个定位"，即为上海基础教育培养骨干教师；"三个特性"，即扎根基层、转识成智、分寸有度；"五大素养"，即现代师德、高阶学科与跨学科素养、智能与信息化素养、实践创新能力、全球胜任力，以五大素养为主线，实现教师教育课程群的重新架构。

---

* 王健，上海师范大学教务处处长、基础教育处处长、基础教育发展研究院常务副院长、教师教育学位点负责人，教育学博士，教授，博士生导师。

形成三个命题，深刻理解师范院校培养教师的核心竞争力。命题一：在多元开放的国家教师教育体系中，师范院校的立身之本在于其培养的教师具有过硬的"师德和育德能力"。命题二：未来教师要"上好一节课"，就必须适应教师角色从简单的知识传递者转变为知识生产者，从课程执行者转变为课程开发者，从教学实施者转变为教学研究者，必须具备独立的"创课能力"。命题三：师范院校必须搭建具有实际操作性的路径，将育德能力与创课的高阶素养内化为每个教师鲜活的实践智慧，让师范生实现从"教什么"到"怎么教"，从理论知识到具身知识的转换，实现"理论—实践—反思"的不断螺旋上升，达到"知行合一"。

建构五大理论，梳理教师教育改革从命题到举措的转化逻辑。一是可操作、可评价、可追踪的师德与育德能力培养。学校组建师德研究团队，明晰师德与育德能力发展的阶段性、差异性、连续性和情境性，建立支撑师德课程开发的底层逻辑。二是基于高观点的师范生学科课程设计。学校围绕"师范与非师范的学科课程有何不同"的问题，采用"高观点"，即用更高更广的知识体系重新设计师范生的学科课程。三是场景驱动的实践实训。基于师范生从教师实践共同体的边缘逐渐走向中心的路径，学校搭建了"理实转换""技能进阶""综合实践能力培育"三类场景。四是数字化驱动的课堂革命。基于未来课堂转变为"学生—智能体—教师"三元结构的必然趋势，构建师范生与AIGC协同的教学方式，特别是原型工具，为未来大规模个性化教学做准备。五是以"两个结合"为指导的教师教育国际化。依托联合国教科文组织教师教育中心，牢牢把握教师教育与中国具体实践相结合，与中华优秀传统文化相结合，实现新时代教师教育国际化与教育扩大对外开放战略的有机统一。

推出十大举措，落实将改革理论转化为操作实践的具体路径。举措一，建构大思政与师德培养课程群。形成三个层次的课程群，包括习近平新时代中国特色社会主义思想概论课、专论课和个论课，"教育家精神"课程和教育伦理学系列课程。举措二，将人工智能融入师范生培养全流程。实施"人工智能+教育"师范生通识课程，并开发国内第一个基于教师教育大模型的MetaClass师范生沉浸式教学实训平台，用生成式人工智能改进师范生教学基本功实训效能。举措三，开设师范生项目化学习工作坊。紧密对接基础教育发展趋势，邀请上海《义务教育项目化学习三年行动计划（2020—2022年）》的专业团队为师范生掌握前沿教学理论赋能。举措四，推动师范生培养"青蓝工程"。融合师范生教学基本功大赛与上海市见习教师规范化培训相关赛事，以赛促学。举措五，推动学科教学论教师队伍建设。设立教师教育改革项目，改革课程教学论序列教师的职称评审办法，推动学科教学论教师深入基础教育，开展教育改革实验，保证师范生培养与基础教育改革同频共振。举措六，推进多元入口的优秀生源计划。通过实施中本贯通项目、建立上海退役军人学院等方式，保证乐教适教。举措七，建设面向师范专业的微专业群。先后建立体育教育（小学教育方向）等13个微专业，通过6—8门课组成的微专业课程，赋能师范生跨学科教学能力。举措八，建设工程导向的科学与STEM教育。建立系统课程模块，为师范生将来培养青少年科创人才提供有效的培养策略。举措九，建立挑战型任务的荣誉学子制度。新设教学竞赛、参与科学项目和论文发表、举办爱心学校等鼓励扎根基层、培养研究素养、磨炼教学技能的评定标准。举措十，建立基于高阶素养的实践体系。与教育综合改革试验区浦东新区等合作，重新设计师范生实习手册。建设"师范生STEM全球胜任力"等理论与实践相结合的课程和海外实习基地，开阔师范生国际化视野。

以道驭技：熔铸精神信仰，首开教育家精神课程

我们坚持"以道驭技"，用理想信念、精神信仰所代表的中国特色社会主义的"道路自信"为师范生的技能培养铸魂领航。在我们的师范生培养中，"道"与"技"相通，"通于天地者，德也……技兼于事，事兼于义，义兼于德，德兼于道，道兼于天"。

一是构建师范生思政课程与课程思政融合体系。我们提出了以"习近平新时代中国特色社会主义思想为引领，教育家精神为底色，思政课程为灵魂，课程思政为根骨"的师范院校大思政课程建设"四位一体"课程体系，并利用学校上海退役军人学院等优势，率先在全国开设了包括"强军思想"在内的、体系最为完整的习近平新时代中国特色社会主义思想概论课、专论课和个论课；利用学校最早在全国提出"大中小学德育一体化"的优势，率先推进"大中小学思政一体化"；利用学校马克思主义学科的学科优势，率先推动了跨院系的思政课程与课程思政融合团队建设。

二是建设"教育家精神"课程及其实施体系。学校在全国师范高校中首批开设了"教育家精神"师范生必修课。课程的目标为"一中心""两结合""五层级"：以塑造教师的精神世界为中心，将教师的价值观和中国教育改革的具体实际相结合，同中华优秀教育传统文化相结合，通过了解教师的工作日常，培育情感归属，形成教育信念，建立职业认同，践行时代使命，层层递进，形成从经验到理论，从日常体验到人生追求的全生命周期的成长。

在课程内容的安排上采用双线并行的设置形式。一条明线为习近平总书记提出的教

育家精神的六个方面,作为所有师范生内化教育家精神的集体记忆和共同坐标;一条暗线为学校和上海市教师教育学院共同组成的教学团队对教育家精神进行的深入解读和二次开发。学校形成了全国第一张"教育家精神"课程知识图谱,通过专题研讨的形式,来诠释教育家精神的具象化意义,达到未来教师焦点觉知的显性认识和附带觉知的隐性认识的共同演化成长。

在课程的实施上同样采用双线并行的形式。课堂上通过问题驱动的案例研讨,引导学生向一个个具体的教育家精神案例发问,在什么时代背景下,围绕什么教育现象,面临怎样的社会文化和思想变革的挑战,教育家们提出了怎样的教育信念,解决了什么教育问题。另一条线,就是我们会带着师范生来到展示于漪教育教学思想的场馆做宣讲员,到教育家精神践行基地去完成项目化学习的任务,从而将第一课堂和第二课堂充分融合,完成师范生"信知情意行"的全面培育。

三是深化践行教育家精神的服务体系。上海师范大学首任校长廖世承先生曾说:"提高师范生素质,简单地说,只有八个字'爱好儿童,服务精神'。以我们所信的学问,来教吾们所喜爱的儿童或青年。信之这样深,爱之这样笃,愿意为教育而自献了一生,这就是服务精神。"我们充分利用课后服务、假期办学、反哺家乡,常态化深化师范生培养中的教育家精神践行服务体系。我们重点建设了薪火相传的爱心学校。具有三十年历史的爱心学校是上海师范大学在常规课堂教学之外,师范生自发开展学以致用和育德能力培养的主要阵地。爱心学校主要包括两个样态。一是开展课后服务。通过打造"菜单式"配送、探索"整建制"合作、形成"线上线下"融合服务等多种模式,服务"双减"之后的基础教育学校需求,涵盖德育、文化教育、科学教育、体育与美育五大方面。二是利用寒暑假,以学生个人或组团的志愿服务形式,在家乡开设爱心学校。秉持"献大学生一份爱心、给孩子和弱势群体一份关心、唤社会一份热心"的"三心"办学理念,从20世纪90年代加强区校联动、完善体制机制建设,到21世纪扩充爱心学校开办点,把支援西部地区建设作为新的增长点,再到新时代转型发展,建设实践育人德育课程,爱心学校的育人功能与师范生专业学习得到了持续融合。

技进于道:汲纳新质技术,引入大模型实训平台

我们认真落实《中共中央 国务院关于弘扬教育家精神加强新时代高素质专业化教师队伍建设的意见》中"实施数字化赋能教师发展行动,推动教师积极应对新技术变革,着

眼未来培养人才"的要求，在未来教师的教育家精神涵育中注重对AIGC等新质生产力技术的引入，培养未来教师掌握未来教育的核心素养。

为解决高校环境下师范生培养缺乏真实场景反馈的痼疾，2024年8月，我们发布了全国第一个基于生成式人工智能的教师教育实践实训大模型MetaClass系统，为师范生培养提供全面的实践支持体系、全过程的指导与评价、全维度的数字档案，记录教师成长经历，改变单一以微格教室作为师范生实践场所的困境。

第一，打造大模型驱动的沉浸式人机交互系统。针对当前人机互动中智能化程度低、自然交互差、沉浸感不强等问题，学校组织相关科研机构共同研发打造大模型驱动的沉浸式人机交互新模式。MetaClass系统通过构建高度逼真、具备认知与行为自然交互能力的智能体，精准记录交互过程，智能评估交互技能，形成"交互—评估"一体化的智能平台。当前，MetaClass以学生智能体作陪练，打造首个人机融合的师范生培养模式，从根本上解决当前师范生培养过程中缺乏实践场所及教学指导等问题。

第二，建构人机融合的、自适应的师范生培养新模式。MetaClass融入师范生培养课程体系中，为师范生提供动态的、全新的学习和训练场所。引入MetaClass不仅仅是技术层面的革新，更是教育观念的一次大胆尝试，通过模拟多样化的课堂环境和学生行为，鼓励师范生从多角度思考教学方法和策略，提升其解决问题的能力。在无风险的虚拟环境中，师范生能够尝试创新教学方式，探索最适合自己的教育理念，从而培养出更多具有创新精神和实践能力的优秀教师。

第三，教师胜任力智能评估大模型与精准推荐。针对当前师范生培养中个性化指导严重不足的问题，结合学生智能体的反馈与教师胜任力评估体系，构建教师胜任力智能评估大模型，并针对反馈的教学问题做精准化推荐，形成"实训—评估—推荐"教师培养的闭环。该模型可以细化教师胜任力的评估维度，结合教学过程数据，从多个维度综合分析与反馈教师胜任力。基于知行图谱的教学精准推荐模式，即构建优秀教学资源库，具化与教学内容相关的教学行为，将优秀教学视频标签化，结合教学反馈，精准推荐。

第四，人机融合的师范生培养课程体系。将平台融入师范生培养的课程体系中，让师范生从大学就开始接触真实课堂，让学生智能体伴随其成长，数字化记录教师成长过程，为后续师范生培养计划调整与规划提供数据支撑。在此基础上，学校构建理论与实践融合的教学能力课程体系，打通师范生理论学习与教学实践之间的鸿沟。

弘道于世：打造开放格局，着力全球胜任力培养

我们认真落实《中共中央 国务院关于弘扬教育家精神加强新时代高素质专业化教师队伍建设的意见》中"将弘扬教育家精神纳入国际传播话语体系，搭建国际交流合作平台，讲好中国教育家故事，传播中国教育声音，贡献中国教育智慧"的精神，以海纳百川的姿态，率先参与多项国际教育测评，借鉴世界先进经验。我们充分利用身处上海这一全球城市的特殊区位优势，充分发挥国际化的特色，通过跨文化体验，培养学生宽阔的国际视野，在人类命运共同体的愿景中，融入强国建设的使命。

一是积极参与全球教师教育治理，传播中国教师教育智慧。学校成功申请并创建了联合国教科文组织教师教育中心（UNESCO TEC）。中心被联合国教科文组织赋予"全球教师教育领域的服务提供者、标准制定者、研究中心和资源管理中心"的崇高地位，承担"知识生产、能力建设、技术支持及信息共享"的基本功能。学校立足UNESCO TEC，通过国际合作将教师教育经验的中国表达与国际通用框架和概念理论相融合，以实证数据国际比较，提炼和丰富中国教师教育知识，例如"教师专业发展三位一体互动模式""协作性自主学习"和"有效线上国际教研"等。我们还以"他者"视野发现我们习以为常的隐性知识，例如上海的数学教学法被英国专家和教师誉为比布卢姆"掌握学习模式"更为合理有效的"掌握教学模式"。中外共塑的知识建构方法促进了中国教师教育知识经验的世界传播和影响。

二是吸纳全球教师教育改革经验，打造具有全球胜任力的未来教师。在深度参与大规模国际教育测评、发现薄弱环节的基础上，学校不断反思师范生培养，分析未来创新型社会的挑战，提出"现代师德、跨学科素养、信息素养、实践创新能力、全球胜任力"五大核心素养，实现了从"知识传授"到"能力培养"再到"素养发展"的教师教育变革。在大量开展国际教师培训的过程中，我们也将参与全球教师教育治理的经验惠及师范生的培养中。我们研究开发与建设了上海师范大学"STEM教师全球胜任力"课程培养模块，针对学校STEM专业领域的师范生，系统提升学生的国际素养和全球胜任力水平，助力学生成为国际学校、国际组织、涉外教育企业和研究机构的后备人才。课程模块由四门课程组成，通过循序渐进的"理论—实践"循环发展，师范生从理解全球化教育治理，到在国际学校观察和体验跨文化教育教学实践，到最终走出国门，走向"一带一路"国家进行教育援助，经历完整的发展历程，最终成长为合格的能够在国际教育组织和跨文化教学机构中

任职的全球教育领导者,把中国特有的教育家精神传播到人类命运共同体的建设中,实现"弘道于世"。课程主要聚焦点在如下四个层面。

价值观层面:理解教育在"构建人类命运共同体"中的基础作用,理解联合国可持续发展特别是教育可持续发展议程的丰富内涵。通过课程学习、实践,引导学生将教育行动与中国的世界观、世界的中国观、未来的全球观"新三观"塑造相联系。

知识层面:建立对STEM的全球胜任力与知识整合的系统思维的认识;站在全球教育发展的视角,对教育可持续发展的知识生产与实践的现实、趋势形成系统性理解,洞悉STEM教育促进可持续发展的路径。

技能层面:作为STEM领域的师范生,需要实际上掌握STEM分科知识进行整合的理念逻辑、系统思维和具体方法,且能够在全球教育、跨文化背景下,理性应对跨文化情境中复杂的教学问题。

行动层面:学生完成全模块课程学习后能够在多文化情境中开展、领导STEM教学团队合作与实践,并且对陌生教学环境中潜伏的不确定性教育教学挑战保持开放态度,提升跨文化问题解决能力。

(责任编辑:汪海清)

以教育家精神引领教师精神成长

王洪明*

人最本质的特征是精神,教育要关注师生生命、心灵和精神的成长。教师精神成长是教师专业发展的重要组成,它不同于胜任力和心灵成熟。教师精神成长具有内隐性特征,需要对教师精神进行整体解读,领悟教师的精神密码、丰盈教师的精神世界、倡导教师的精神解放、提升教师的精神自觉、践行教师的精神传递、实现教师的精神超越,以教育家精神引领教师精神成长。

精神成长:教师队伍高质量发展的时代之问

区别于教师胜任力和心灵成熟的教师精神成长

精神是人安身立命之本。哲学上,精神是过去事、物的记录及此记录的重演,既有以新叠旧,也有以旧启新的意蕴。人如果没有精神就等于没有灵魂,任何人都不可忽略精神的力量,教师亦是如此。教师专业发展离不开教师胜任力、心灵成熟、精神成长等多方面多水平的发展。

作为专业人员,教师首先需要在专业思想、专业知识、专业能力等方面不断精进,提升胜任力,努力成为一名优秀的教师。正如有学者所认为的那样,"胜任力特征是指能将某项工作中的卓越成就者与表现平庸者区分开来的、具有个人深层特征,其中包括不同动机表现、人格特质、品德素养、自我形象与社会角色特点、态度或价值观以及某领域的知识与技能水平"[①]。也就是说,胜任力不是区分教师能否胜任教师工作的特征,而是一组与教师特定角色任务有关、优秀教师群体所具有的共同特征总和。

心灵是一个多维而复杂的概念,涵盖人的情感、人格、意识等多方面,心灵成熟是人在认知、情感、人格、意识等方面的成长。对教师而言,心灵成熟既有心理健康的基本含

---

* 王洪明,上海市松江区教育学院德研室主任,教育学博士,特级教师,正高级教师。
① 黎凤环. 基于胜任特征的高职心理健康教育教师的培训 [J]. 职教论坛, 2012(29): 74–76.

义，也有心理发展、自我觉醒、生命领悟等方面的意蕴，它将教师的人格完善、生命关怀、灵魂塑造紧密相连。

教师精神是教师意识的自我建构，是学校文化的核心要义，也是教师教育行为的内隐表征和教师发展的内生动力。教师精神成长是在胜任力、心灵成熟的基础上，教师在坚定教育信仰、提出教育主张、构建教育理念、沉淀教育思想等方面的发展变化。教师精神成长不仅指教师专业精神的塑造，更是具有思想更新、主动发展、精神丰盈、职业幸福等丰富内涵。有专业精神只是胜任教师的基本，专业精神的不断精进才说得上精神成长。可以说，教师的专业发展离不开精神成长，精神成长是教师专业发展的更高水平与阶段。

基于复杂科学视角的理性思考

精神成长是众多学科关注的话题，在哲学、心理学、教育学、人类学、文学等领域产生过大量成果。有学者认为，精神成长是"教师在职业生涯中追求自己作为教师的人生价值，享受目标成功的幸福与喜悦的发展过程；是教师在信念精神感召下的艰苦努力，摆脱平庸，使自己的职业生涯拥有痛并快乐着的经历与感受"[1]。也有学者认为，"教师的精神成长是指教师通过不断地自主探寻、自我领悟、自觉内化、精神提升，不断地使自己变得更优秀。精神的成长需要循序渐进，通过觉醒、发现、提炼和沉淀才能形成。每位教师都有成为优秀教师的潜质和可能"[2]。这些理论对于理解教师精神成长是有帮助的。教师个体的精神发展是有规律可循的。

就讨论教师精神成长而言，有几点是值得思考与借鉴的。其一，精神成长不同于心理发展。源于生物学和哲学的心理学（除精神分析学派外）更关注认知、意识与行为，众多心理学派将复杂的精神现象还原为基本的心理过程，缺少对精神现象的整体关注。正如黑格尔指出的那样，"经验心理学将精神活动分解为各种机能形式，而精神是活生生的统一的自我感觉"。复杂科学对化简和割裂的经典认识方法的批判等观点，为精神成长提供了新的视角。其二，我们关注教师精神成长，一方面是基于关注教师精神生活、减少精神内耗、提升精神境界、提高专业化水平的需要；另一方面也是为了促进学生精神成长，实现学生全面发展和可持续发展的需要。因此，教师精神成长与学生精神成长是密不可分、息息相关的。其三，对内在心灵与精神世界的关注是中华优秀传统文化的根本特征，也是中

---

[1] 黄亮生.教师专业化发展的境界追求[J].宁德师专学报（哲学社会科学版），2011（1）：100-103.
[2] 邬庆儿.CIP之与教师专业发展研究[J].教师教育论坛，2014（6）：25-29.

国特有的教育家精神的根基所在。对世界文化多样性的理解以及对中华文化的自信，丰富了教师精神成长的有关内容。

教师队伍高质量发展的现实诉求

当今世界处于百年未有之大变局，国际形势不稳定、不确定、不安全因素凸显，教育环境的复杂性、多元化、数智化等特征更加明显。面对这种不确定、复杂而多元的教育环境，需要教师具备更强大的精神动力和较高的精神感召力。教师的精神境界以及精神成长将影响教师队伍的高质量发展。

学生的全面发展离不开精神成长。雅斯贝尔斯说："教育的过程首先是一个精神成长的过程，然后才成为科学获知的一部分。"教师先有自身的精神成长才会有学生的精神成长。马克思指出，"在任何情况下，个人总是'从自己出发的'"。习近平总书记说，教师是人类灵魂的工程师，是人类文明的传承者，承载着传播知识、传播思想、传播真理，塑造灵魂、塑造生命、塑造新人的时代重任。专业的教师，要具备先生（知识分子）的良善良知，学者的自省自觉，师者的仁爱仁心，智者的智勇智慧。教师需要聚先生、学者、师者、智者的精神于一体，才能成为学生真正的精神导师。

教育家精神：教师精神成长的方向引领

领悟教师的精神密码

马克思主义认为，精神是物质世界在人脑中的主观能动的反映，它不仅是一种认识，更是一种实践。教师精神指向立德树人根本任务的全面落实，是以爱与责任为核心，教师在坚定理想信念、厚植爱国情怀、崇尚为人师表、践行敬业奉献等方面的精神追求，是教师价值感、信任感、幸福感等精神品质的体现。萃取于中华优秀传统文化思想精华的教育家精神，是由众多优秀教师在长期教育实践活动中所形成的理想信念、道德情操、育人智慧、躬耕态度、仁爱之心和弘道追求，是教师精神密码的高度凝练。中国特有的教育家精神是新时代我国教师的文化形象，教师的精神密码体现在：教师是"经师"与"人师"的统一，要"守好自己的责任田"，成为学生健康成长的"航向引领者"；是"言传"与"身教"的统一，要先"正其身"再"正其人"，成为塑造学生灵魂的传道示范者；是"良师"与"益友"的统一，要走进学生内心，成为学生成长的"终身守护者"。教育家精神不仅内容独特，是中国所特有的，而且教育家精神的形成也需要经过"仁心"涵养、"德心"陶冶、"慧心"淬炼的过程，将教师在价值取向、崇高道德、职业操守等方面的精神特质彰显出来，成为千百年来中华民族尊师重教的优良传统。

丰盈教师的精神世界

教师的精神世界是独特的,教师的精神生活与学生同在,与课堂共生。精神是物质世界的反映,教师的大多数时间都是与学生在一起,在课堂中度过的,因此教师的精神状态如何,是否幸福,都是离不开学生、离不开课堂的。教育家精神倡导教师要启智润心、因材施教,胸怀天下、以文化人,这都需要教师有丰富的精神世界。为使自己的精神世界不贫瘠,教师要像历史上的教育家和无数优秀教师那样重视日常阅读。阅读是教师精神成长的前提,很难想象一个不喜欢阅读的教师,他的精神世界是丰盈的。教师不读书,不仅自身精神生活匮乏,而且在教育不断变革的背景下无法担负教书育人、传道授业解惑的崇高使命。教师阅读,不仅要精读教育名著,从教育家的思想智慧中获得精神成长的力量与源泉,还要多阅读哲学经典、人文社科、历史传记、文学艺术等,让人文精神丰盈自身的精神世界。教师阅读不只是个人的阅读,读书会、阅读交流活动等是丰盈教师精神世界的重要载体。教师只有在职业工作中、日常生活中、经典阅读与活动体验中多方位提升自身的精神境界,相互汲取教师"爱的力量",才能不断丰盈自身的精神世界,实现精神蜕变。

倡导教师的精神解放

马克思提出:"任何解放都是使人的世界即各种关系回归于人自身。"在这里,人的精神解放与人的自由而全面的发展是一致的。人的精神解放不仅要摆脱人对人以及物对人的束缚,还要有人的主动自觉,以实现人的积极自由。与人的自由而全面的发展一样,教师的精神解放是由低级向高级、由片面向全面发展的过程,既彰显在教师的理想信念中,也体现在当下的教育实践活动中。教师要获得精神解放,需要像教育家和优秀教师那样,停止工作抱怨、减少竞争焦虑、防止精神内耗,学会放下负面情绪,在优秀教师共同体中寻求主动发展,获得精神解放。

提升教师的精神自觉

教师丰盈的精神状态,关键在于要有"生命自觉"。人的精神可以自由地"按照任何一个种的尺度来进行生产",可以自觉地把握客体的本质与规律,认识主体的意义与价值。教育工作具有目的性、计划性、创造性,如果教师具有自觉意识,是能够将日常工作的理性认识、情感态度、育人意识等自发状态上升为精神自觉的。对于学生的微小进步,教育的细微进展,自身的点滴成长,只要是出于自身感觉、思想、动机、意志的"理想的意图",把日常单调的教学变成富有创造性的劳动,自觉反思日常成长进步的点滴经验,凸显精神自觉的计划性、创造性，就能把教育变成"理想的力量"。教育家有着心有大我、至诚报国的理想信念，乐教爱生、甘于奉献的仁爱之心，不管自身遇到怎样的挫折，都仍然会有兼济天下、达己达人的精神自觉。教师精神自觉的最大敌人来自悲观主义，做一个热爱生活、热爱教育、热爱学生的教师是提升教师精神自觉的法宝。今天，拥抱乐观主义的人生哲学特别重要，培养教师积极乐观的态度，饱含对学生成长的信心、社会进步的信念、民族发展的希望，就能促进教师的精神自觉，实现教师队伍高质量发展。

践行教师的精神传递

教育家精神具有实践属性。人的精神不仅体现为精神力量，更要转变为改造世界的物质力量。《论语》中记载，"子夏曰：百工居肆以成其事，君子学以致其道"，百工成事与君子致道都一样，在修养美德与践行大道上是一致的。《周易》也告诉我们，"知周乎万物，而道济天下，故不过"。可见，智慧的价值在于践行，知周万物、道济天下是一体的，教师要将所学之道运用于实践，实现"道"的传递。教育的本意是有意识地将知识技能、思想观念等优秀文化进行世代传递，促进一个灵魂对另一个灵魂的唤醒。通过教师的讲授、引导、启发、唤醒，实现知识与精神的传递。教育家言为士则、行为世范的道德情操，勤学笃行、求是创新的躬耕态度，就是他们在自为的教育实践中不断凝练并经由历代教师的传递而逐渐形成的。教育家精神是优秀教师群体在长期历史进程和精神积淀中孕育而成的精神样态，教师要践行教育家精神，就要学习优秀教师在教学中文以载道、教书育人，在学生教育中以爱育爱、育人育心，在师生交往中心灵共振、情感共鸣的精神财富，并在教育教学中潜移默化地进行传递。

实现教师的精神超越

精神生活是人所特有的存在方式，既是现实的，也有超越性。教育家是教育理论与实践领域的专家、行家，他们不断进取，敢于挑战，迎接时代与教育的各种变革，还能不断实现自我超越，朝着自己的教育初心与奋斗目标迈进，这种精神超越的境界与他们的心灵自由状态是高度契合的。他们有自由的精神家园，对文化、道德与精神危机时刻保持警醒，他们的教育初心、"殉道"精神、超凡脱俗的境界、学术独立的思想都给当代教师以启示。有的教育家和优秀教师不为物欲所困，甚至长期过着清贫的生活，但为了教育的理想倾其一生；有的不囿于传统观念和经典理论的束缚，大胆假设，小心求证，追求心灵的自由。教师要超越"不离苞苴竿牍，敝精神乎蹇浅""迷惑于宇宙，形累不知太初"的境况，追求"归精神乎无始，而甘瞑乎无何有之乡"的精神。当然，教育家的理想信念、弘道追求从来不只是"无何有之乡",我们还要将那些崇高精神回归教育实践,"知行合一",实现精神超越与教育家思想践行的有机结合。

精神引领:教师精神成长的路径选择

教育家精神的价值引领

教师的精神成长离不开教育家精神的高位引领,《帝范》中说"取法于上,仅得为中;取法于中,故为其下。自非上德,不可效焉",有教育家精神的"上德"引领,教师精神就有了成长方向。从复杂科学视角来看,要处理好"一"与"多"的关系,教育家精神还要与雷锋精神、劳模精神、科学家精神、建党精神等中国共产党的精神谱系一起,实现教育家精神价值的"突现"与"涌现"。价值引领在于增信,教师要在不确定的时代里坚定对教育的理想信念,精神上不"缺钙",让自己的理想在岗位中实现;也在于弘扬,不断强化对教育家精神的认同感,要将中国特有的教育家精神发扬光大;更在于践行,将习得的教育家精神转化为专业自觉,要在教育改革的浪潮中肩负起培育时代新人的责任担当。

教育家的思想引领

教育家精神是由历史上众多教育家宝贵的精神财富所构成的群体特征,是他们所追求的一种崇高境界和育人使命。教育家精神虽然不只是某个教育家的精神,但每个教育家不尽相同的教育思想和生动丰富的教育实践仍然给今天的教师以精神指引。在教师精神成长的道路上,在感悟教育家形成理想信念、育人智慧、道德情操、躬耕态度、仁爱之心、弘道追求的过程中,教师亦能体验自身生命的价值感与幸福感,给自己的专业成长以精神滋养。

优秀教师的榜样引领

教育家精神彰显的是一群优秀教师代表的精神群像,他们的家国情怀、事业追求、责任使命等都体现出这个优秀群体的精神属性,优秀教师的大德风范、大爱情怀等精神特质不仅是一种教育记忆,更是一种时代价值。教育家精神有鲜明的文化品格,需要以文化浸润的方式养护教师的精神成长。各级各类的优秀教师就在我们普通教师身边,通过名师基地、名师工作室、骨干团队、师傅带教等多种教师培养方式,借助教师共同体的文化力量,更是可以使教师在耳濡目染中受到优秀教师的榜样感染,从而厚植教师队伍建设的文化根基。

教师日常的成长引领

践行教育家精神,其实质在于教师要有为党育人、为国育才的责任使命,有效落实立德树人根本任务。学校要注重文化陶冶、心灵润泽、生命自觉的力量,将教育家精神根植于教师内心。注重日常的文化陶冶，丰富教师的精神文化生活，加强教师的"情感黏性"，体现对教师精神层面的关爱呵护；注重心灵润泽，为教师松绑减负赋能，帮助教师舒缓工作压力，助力教师心灵成熟；注重对教师的人文关怀，点燃教师的希望之火，为教师提供人生出彩的机会，培育教师的生命自觉，促成教师的精神成长。在日常的教育教学工作中，积极向上的精神动力、成长的智慧勇气、专业化发展的目标诉求都是教师精神成长的重要来源。倡导教师的自我更新意识，唤醒教师的内在成长愿望，让教师的思想主张、教学风格、教育特色得到充分发展，是弘扬和践行教育家精神的根本所在，而这一切都浸润在教师的每一节课、与学生的每一次谈话等日常之中。

教育家精神根植于中华优秀传统文化，是教师精神成长的价值导向和行动指南。破解教师精神成长的生成之道，与对教育家精神价值之维的理解和弘扬之径的探寻是一致的。

（责任编辑：茶文琼）

教育家精神引领下心理教师专业发展的区域实践

吴俊琳*

2023年教师节前夕,习近平总书记致信全国优秀教师代表,提出并深刻阐释中国特有的教育家精神,即"心有大我、至诚报国的理想信念,言为士则、行为世范的道德情操,启智润心、因材施教的育人智慧,勤学笃行、求是创新的躬耕态度,乐教爱生、甘于奉献的仁爱之心,胸怀天下、以文化人的弘道追求",显示了对广大教师群体的殷切期望,也为高素质教师队伍建设指明了方向。

广大教师应该以教育家精神的深刻内涵为指引,坚守对教育事业的深切热爱、对学生全面发展的高度关注,以及对教育方法和理念的不断探索与创新。具体到心理教师,不仅教授学生心理健康知识,而且培育学生的情感、态度和价值观,更要坚守"为党育人、为国育才"的使命感,将发扬教育家精神融入自身的专业发展。

教育家精神对心理教师专业发展的价值意蕴

对标教育家精神的深刻内涵,心理教师要在职业素养和能力、职业责任和情感、职业信仰和使命上孜孜以求,在促进自身专业成长的同时铸魂育人。

首先,心理学是一个快速发展的领域,心理教师需要保持好奇心,通过勤学来不断更新自己的知识体系,了解心理学的前沿研究动态和最新成果;通过在真实情境中练习,将专业知识转化为教育教学实践的能力。在信息技术迅猛发展的今天,心理教师还需要不断创新,让科技赋能教育,激发学生参与的积极性,促进学生主动学习。

在人民教育家于漪眼中,"学生是活泼泼的生命体,一个人是一个世界、一个宇宙,成长发展过程中酸甜苦辣精彩异常"。[①] 教师在教育过程中必须敏锐地发现每位学生心中那

---

* 吴俊琳,上海市浦东教育发展研究院德育研究指导部副主任、高中心理教研员。
① 于漪. 心存敬畏,回归教学本原[J]. 思想理论教育, 2013(4): 4-6.

根"独特的琴弦",要"对准音调"。①心理健康教育强调助人自助,所以心理教师要善于启发学生,善于将崇高的理想信念外化为坚实的行动实践,善于将对教育原则的体悟内化到无声胜有声的学习生活中。同时,心理教师应该建立多元化的评价体系,确保每位学生在符合自身特点的发展路径上都能得到充分认可和支持,尊重成长的差异化,唤醒个体潜能,树立人人皆可成才的认知理念。②

其次,心理教师承担着提高学生心理素质,引导学生形成正确的世界观、人生观、价值观的使命。心理教师应具备以德立身、以德立学、以德施教的职业责任,成为学生的道德榜样,通过言传身教让学生明德向善,发展出健全的人格。具体到心理健康教育中,第一,心理教师要坚守有教无类,给予每位学生同等的尊重和关爱,确保每位学生得到公平的待遇。第二,心理健康教育的成效建立在真诚和安全的关系之上,学生只有在确定心理教师是可信赖可依靠时,才敢于表达自我,积极求助。因此,心理教师要将仁爱之心融入日常教学,为学生营造安全、温馨的学习环境。

最后,心理健康工作要全面贯彻党的教育方针,培养能够担当中华民族伟大复兴重任的未来人才。于漪老师认为,只有把优秀的文化基因植入学生的生命体,才能真正使学生挺立起民族的脊梁。③心理教师要引导学生更好地理解社会规范,培养对社会有益的行为,增强社会责任感和使命感;引导学生了解和认同中华文化,增强文化自信和民族自豪感,从而理解和尊重不同的文化传统和习俗,探索如何在跨文化交流中有效地沟通和解决冲突,成为一个具有中国心的现代文明人。

以教育家精神审视浦东新区心理教师专业发展的现实挑战

浦东新区作为上海市的教育大区,基础教育教师人数超过五万名。2022年1月11日,《浦东新区全面深化教育领域综合改革示范区建设方案(2021—2025年)》出台,启动建设"十四五"上海首个教育综合改革示范区,通过构筑高品质的育人体系和高效能的保障体系,促进浦东基础教育高质量发展,提升人民群众对浦东教育的满意度和获得感,打造具有浦东品牌价值的创新机制和制度模式。为此,浦东新区进一步弘扬教育家精神,加快打

---

① 于漪.了解,研究,走进学生世界[J].中学语文教学参考,2005(3):5-7.
② 陈海萍,兰继军.教育家精神助力教育强国建设的政策基础、情感价值及实践路径[J].黑龙江高教研究,2024(8):1-6.
③ 于漪.以民族精神铸学生脊梁[J].云南教育(视界综合版),2014(10):42.

造一支具有引领本区特征的新时代"四有"好教师队伍。浦东新区心理教师队伍专业发展以此为标准,分析了目前存在的现实挑战,从而使下一步的完善举措有的放矢。

第一,专业水平参差不齐,影响了职业能力和职业素养的发展。浦东新区地域广,学校多,心理教师个体专业发展水平差异大。部分心理教师缺乏系统的学习背景,或者职前学习的本体知识陈旧,导致其对心理学的基本理论、概念和原理理解不够深入,在实际教学和应用中难以准确运用。部分心理教师由于缺乏实践经验,专业技能(如心理评估、心理辅导、危机干预等)不够熟练,在实际情景中面对复杂多变的学生心理问题时感到束手无策。

此外,多数心理教师学科背景单一,限制了他们在心理健康教育中的综合应用能力。部分心理教师缺乏终身学习的意识,职后知识体系更新比较慢,导致自己的专业知识逐渐落后于时代的发展。

第二,心理工作错综复杂,限制了职业情感和职业责任的提升。浦东新区学校分散,生源构成复杂,学生的心理问题呈现出原因多重性、结果多样性的特征。心理教师需要投入大量的情感以理解和支持学生,建立良好的辅导关系。但是,长时间的共情使心理教师持续暴露在负面情绪中,导致其自身的情感资源过度消耗,产生职业倦怠。此外,心理活动课不同于学科教学,心理活动课没有统一的教材,心理教师既要确保教学内容的科学性,又要贴近学生实际需求,往往要花费大量的时间备课。与此同时,社会对心理教师也会有刻板印象,认为他们应该能够解决所有问题。这给心理教师带来额外的心理负担,挫伤了职业情感,甚至减弱了职业责任感。

第三,发展需求多元紧迫,削弱了职业信仰和职业使命的引领。浦东新区学校校情、学情多元化,在实际工作中,学校对心理健康教育的重视程度仍然存在差异,对政策的理解和支持的力度不同,这使得心理教师在职业定位和发展上面临诸多不确定性和随机性。有些学校的教育资源更多地向能够提高教学成效和升学率的学科教师倾斜,导致心理教师没有机会获得更多的专业学习和实践探索,从而限制了其职业发展空间,影响到职业认同。

教育家精神融入浦东新区心理教师专业发展的实践举措

首先,浦东新区推进政策实施,让心理教师能"安教",发布了《关于加强中小学心理健康教育教师队伍建设的实施意见》(以下简称《实施意见》)。《实施意见》明确了心理教师是中小学教师队伍的重要组成部分,是学校心理健康教育的组织者、实施者、研究者,是提升学生自我认知、学会学习、情绪调适、人际交往、生涯规划、适应社会等方面能力的教育者；要求区内中小学校要配齐配足中小学心理教师，原则上每校应配备1名专职心理教师，超过一定规模的学校、多校区或多学段应酌情增加配备，保障学生就近就便获得心理健康教育及服务；确保专职心理教师享受班主任同等待遇，同时心理教师开展面向学生、家长和教师的各类心理健康教育讲座、主题活动等应计入教学工作量；将心理教师培训纳入教师培训计划，其中对专职心理教师每年应进行不低于30学时的专业伦理、知识和技能等培训；规范心理教师的在职培训，定期开展评优活动，建设并发挥心理健康教育名师工作室的作用，打造心理教师人才培养的孵化场；将学校心理健康教育工作纳入学校督导内容范围，同时，将心理教师队伍建设情况作为心理健康教育达标校和示范校评估的重要指标。

《实施意见》明确心理教师在教育体系中的重要地位和作用，为心理教师的专业发展提供制度保障，让心理教师能够安心于心理健康教育事业。

其次，在政策的指导下，浦东新区在实践中逐渐形成了"按需定制—精准攻关—推广实践—成果深化"的区域心理教师研修模式（见图1），帮助心理教师夯实专业功底，使其"善教"。

按需定制。研修的起点是从心理教师专业发展的需求出发，发现影响心理健康教育教学质量的关键因素，对具有典型性和共同性的问题进行调研、分类和剖析，进而提炼和确定结构化的研修主题。例如：针对心理教师想要提升心理活动课效果的需求，确定了"心理活动课同课异构的课堂教学实践"的主题；针对心理教师想要拓展跨学科知识的需求，确定了"多学科融合教育的探索"的主题。

精准攻关。根据研修主题，组建多个平行攻关小组，例如：由心理骨干、心理学科带头人组成的"区心理学科团队"；由教育、医学专家领衔的"区心理名师工作室"；由心理正高级教师、特级教师带领的"区心理健康教育基地、工作坊"。充分发挥团队的引领作用，精准聚焦问题，深入分析问题症结，探寻破解方式。在此基础上，对实践内容继续优化，最终提炼出应对之策。为了便于研修成果的推广，攻关小组还需要进行一般化及理论升华，形成可推广的规范、流程，提供优秀样例。

推广实践。将攻关小组的成果研发成区域教师研修的内容，通过教师培训课程、教研活动、心理健康教育基地活动、心理工作坊等途径推广，发布多种形式的研修任务，鼓励教师将所学所思迁移到本校情境中，组织学校的心理健康教育，提升专业能力。

成果深化。我们将研修成果以课例、课件、论文等形式保存下来，逐步完成心理健康

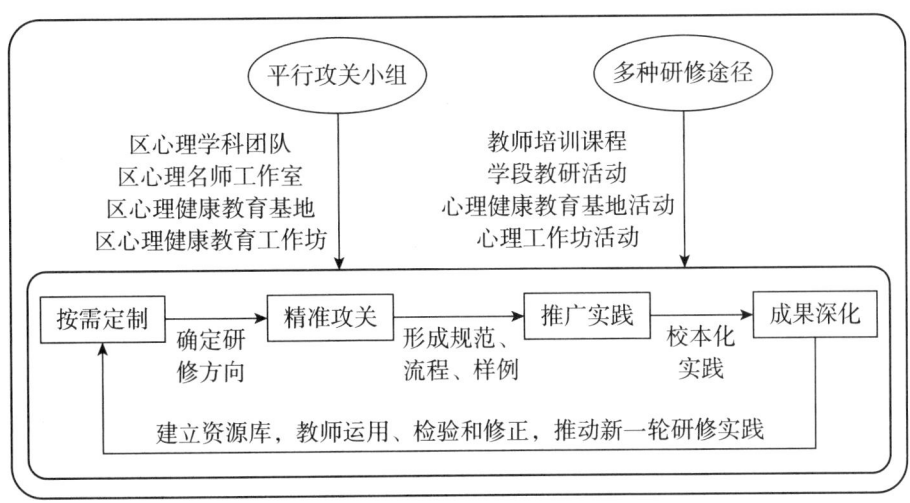

图 1 浦东新区心理教师研修模式

教育教学资源库的建设。例如：完成《同课异构课例集》制作，医教结合主题研修的成果《儿童青少年心理健康手册》正式出版。教师利用既有资源在实践中加以运用、检验、修正，又成为资源深化的重要推力，将推动新一轮研修实践的展开，也意味着将有新的研修成果产生。

浦东新区心理教师研修模式在问题驱动、行动研究中不断优化，为心理教师提供了更高效的培训，共享教学资源，解决心理教育的痛点和难点，促进了心理教师的专业成长，最终实现心理健康教育质量的提升。

最后，赋能教师心理，让心理教师"乐教"。浦东新区建立了"教师心灵氧吧"，为全体教师提供24小时的心理热线、心理测评、心理咨询、心理科普课程、冥想情绪调适、心理团体辅导、趣味心理活动等服务，为教师阳光心态建设助力，促进教师心理健康。此外，浦东新区为心理教师的教学实践与研究搭建展示的舞台，面向心理教师组织了各类评选活动，让更多心理教师被看见，被肯定，增强职业的成就感、自豪感和内生动力，从根本上唤起心理教师的职业幸福感。

促进学生身心健康、全面发展，是党中央关心、人民群众关切、社会关注的重大课题。心理教师作为学校心理健康教育的专业队伍，肩负重任。浦东新区将继续探索践行教育家精神来建设高质量的心理教师队伍，使其将教育家精神作为一种高级追求与精神升华，实现卓越的专业发展。

（责任编辑：戴燕玲）

让青春在讲台上闪光

吴 照 季金杰*

教师是立教之本、兴教之源。强国必先强教，强教必先强师。党的十八大以来，习近平总书记高度重视教师队伍建设，对广大教育工作者提出了争做"'四有'好老师""四个引路人""四个相统一""大先生"等殷切期望，强调"引导广大教师继承发扬老一辈教育工作者'捧着一颗心来，不带半根草去'的精神，以赤诚之心、奉献之心、仁爱之心投身教育事业"。

2023年9月，习近平总书记在教师节前夕致信全国优秀教师代表时指出："教师群体中涌现出一批教育家和优秀教师，他们具有心有大我、至诚报国的理想信念，言为士则、行为世范的道德情操，启智润心、因材施教的育人智慧，勤学笃行、求是创新的躬耕态度，乐教爱生、甘于奉献的仁爱之心，胸怀天下、以文化人的弘道追求，展现了中国特有的教育家精神。"这一重要论述全面阐释了教育家精神的深刻内涵，为新时代高素质教师队伍建设提供了根本遵循。

在向第二个百年奋斗目标迈进的新征程上，《中共中央 国务院关于弘扬教育家精神加强新时代高素质专业化教师队伍建设的意见》的发布与实施，为基层学校打造师德高尚、业务精湛、结构合理、充满活力的高素质专业化教师队伍指明了行动方向。2024年9月，习近平总书记在全国教育大会上指出，要实施教育家精神铸魂强师行动，加强师德师风建设，提高教师培养培训质量，培养造就新时代高水平教师队伍。

上海市格致中学前身为格致书院，始建于1874年，是一所具有"爱国，科学"优良传统的知名学府。在一个半世纪的传承与发展中，学校始终秉持"格物致知，求实求是"的格致精神，将师德师风建设和专业素养提升作为教师队伍建设的第一要务，涌现出了以全国三八红旗手、上海市劳模高润华为代表的一批优秀教育工作者。近年来，格致中学的教师队伍呈年轻化趋势，35周岁以下的青年教师在学校专任教师中的比例超过40%。为进

---

* 吴照，上海市格致中学校长，正高级教师，特级教师，国家"万人计划"教学名师。
　季金杰，上海市格致中学教科研室主任，中学高级教师。

一步推动青年教师的专业成长，学校以传承和践行教育家精神作为新时代教师队伍建设的价值追求和重要举措，立足青年教师占比较高的发展情况，搭建了劳模爱心学校、青年教师学术研究工作组、拔尖创新人才培养基地等平台，以榜样的力量引领青年教师深刻理解并自觉践行教育家精神，涵养青年教师爱岗敬业、艰苦奋斗、淡泊名利、争创一流、勇于创新、甘于奉献的精神品质。

依托劳模爱心学校，修炼青年教师甘于奉献的仁爱之心

教育家精神是以教育家和优秀教师为代表的广大教师群体在长期的育人实践中形成的宝贵精神财富，是推动教育事业不断前进、不断创新的强大动力。

在上海市格致中学，有一项延续二十余年的爱心接力项目——劳模爱心学校。2001年，在上海市黄浦区总工会、黄浦区教育党工委、黄浦区教育局以及相关街道的支持下，由上海市格致中学名誉校长、语文特级教师高润华牵头的黄浦区劳模爱心学校（格致分校）成立了。在高润华校长的躬耕实践和言传身教下，格致中学数学组、物理组等上海市模范集体的教师承担起了劳模爱心学校的教学工作。每个周日，他们风雨无阻来到学校，为街道内家庭较为困难的初三学生无偿送教。

二十多年来，爱心学校的办学事迹成为每一位格致人口口相传的动人故事。岁月更迭，每当爱心学校有老教师退休，一批又一批青年教师都会自告奋勇接过前辈手中的接力棒。不少青年教师都将站上劳模爱心学校的讲台视为一种莫大的荣誉。

徐老师是格致中学的一名"90后"物理教师。走上三尺讲台后不久，他就加入了劳模爱心学校的教师团队。尽管他此前从未任教过初中物理，也鲜有机会接触到初三学生，但他坚信"世上无难事，只要肯登攀"。在徐老师看来，让每一位劳模爱心学校的学生得到实实在在的收获是他持之以恒的努力方向和奋斗目标。每周，徐老师不仅翻阅大量初中物理教学资料，做初中物理练习题，还时常向任教初中的同人取经，了解初中物理的教学进度和初中学生的学情特点。考虑到爱心学校的学生来自不同学校，学习基础可能存在差异，徐老师对教学内容进行归纳总结，对不同能力层次的学生，分层设计教学安排，力求让每一位学生都能在劳模爱心学校学有所获。通过在劳模爱心学校的育人实践和工作历练，徐老师不仅在专业发展上取得了长足的进步，还进一步修炼了对学生进行沟通指导的能力。

2020年起，徐老师开始担任班主任，在他的言传身教和示范引领下，班集体内凝聚了满满的正能量。2020年10月，班上的学生盛同学在放学路上发现一位老人突然晕倒，危

急时刻他挺身而出，冷静观察、理智判断，用"教科书"式的急救方法，为突发大面积心梗的老人争取了宝贵的抢救时间，事后又不留姓名，悄然离去。这一善举被媒体报道后，赢得了全社会的广泛赞誉。作为班主任，徐老师为盛同学见义勇为的先进事迹感到欣慰和骄傲。"教育的本质意味着：一棵树摇动一棵树，一朵云推动一朵云，一个灵魂唤醒另一个灵魂"，爱的传递，温暖人间，绘就了现代城市文明的底色。

依托劳模爱心学校这一平台，青年教师不断淬炼专业能力和师德修养，修炼乐教爱生、甘于奉献的仁爱之心，他们用自己的行动深刻诠释了新时代人民教师的光辉形象，让受到帮助的学生体会到了社会的温暖和爱心的传递。

举办劳模爱心学校体现了教育工作者对有困难的家庭和学生的关爱。格致中学名誉校长高润华曾说过："帮助一名学生走向成功，就是给一个家庭带来希望。"劳模爱心学校这所特殊的学校，不仅让一批又一批初三学生考上了理想的学校，也让一大批青年教师在育人实践中感受到爱的力量，更坚定了心有大我、至诚报国的理想信念，努力成为教育家精神的忠实传人。

依托学术研究小组，磨炼青年教师求是创新的躬耕态度

教育家精神既是对一代又一代优秀教师和教育工作者在长期育人实践中形成的育人理念、教学方法的系统总结，更是对他们的精神风范、价值追求的凝练升华，彰显了鲜明的道德感召力、人格影响力和价值引领力。

2012年，上海市格致中学奉贤校区开工建设。为培养学校创新发展的后备力量，一支由格致中学青年教师组成的学术研究小组应运而生。在学校党政的领导下，青年教师学术研究小组以传承格致精神、创新育人方式为发展方向，积极开展专题学习、业务研讨、学术研究和志愿服务。

近年来，格致中学持续发挥实验性示范性高中在探索课程教学改革工作中的示范引领作用，勇立基础教育综合改革前沿，先后承担普通高中新课程新教材实施国家级示范校、全国中小学科学教育实验校、上海市教育信息化应用标杆培育校、上海市示范性教育集团、上海市课程领导力项目实验校等重大项目建设。

李老师是格致中学的一名青年思政教师，也是格致中学奉贤校区思政教研组组长。为贯彻落实"切实减轻学生过重课外负担。提高课堂教学质量，严格按照课程标准开展教学，合理设计学生作业内容与时间，提高作业的有效性"的改革要求，近年来，李老师带领

思政学科教研团队承担了多项教育教学研究课题，在教学实践中研究作业设计，探索适合学生的校本作业，获得 2023 年上海市中小学单元作业设计比赛高中思想政治学科一等奖。2017 年以来，格致中学贯彻落实《上海市中小学教师专业（专项）能力提升计划》的有关精神，将作业设计能力作为衡量和促进教师专业发展的重要因素，通过校本培训，引导各科教师完善作业设计观念，系统思考作业设计关键要素，科学评估作业完成时间与相对难度。在历届上海市中小学优秀单元作业、试卷案例征集评选中，格致中学全部参赛，参赛的作业案例在全部 9 门学科评选中均获一、二等奖。

学校依托青年教师学术研究小组这一平台，鼓励青年教师在课程与教学改革中秉持勤学笃行、求是创新的躬耕态度，发扬艰苦奋斗、勇于创新的精神品质，运用教育科学研究方法开展新课程新教材的教学实践。普通高中"双新"实施以来，青年教师学术研究小组合计主持区级及以上教育科学研究项目 33 项，在区级及以上刊物合计发表教育教学类文章 121 篇，获教育科研类荣誉及奖项 98 项。在学校教科研室的统筹推进下，部分青年教师在科创教育领域坚持多年深耕实践，参与完成的教学研究成果"基于 Fablab 创智空间的科创教育本土化实践"获上海市基础教育教学成果奖特等奖。

凝聚专业智慧，与教育改革同行。青年教师学术研究小组这一平台，不仅指引青年教师众行致远，攀登学术高峰，也更坚定了青年教师秉持勤学笃行、求是创新的躬耕态度，努力成为教育家精神的践行者。

依托人才培养基地，涵养青年教师因材施教的育人智慧

格致中学的前身格致书院，是我国近代最先系统传授自然科学新知、培育民族科技人才的新型学堂。一个半世纪以来，格致中学传承"爱国，科学"的优良传统，弘扬"格物致知，求实求是"的格致精神，彰显"和谐发展，理科见长"的办学特色。在 1956 年上海市第一届中学生数学竞赛中，三位格致学子从一万两千余位参赛者中脱颖而出，分别获得第二、三、八名。二十世纪五六十年代起，格致中学的学生在中学生数学竞赛中长期名列全市前茅，"理科见长"的教学优势得到了教育界和社会的普遍认可。

青少年拔尖人才培养是在学生全面发展基础上的品格升华、潜能激活与关键能力的提升，需要根据学生的学习志趣，给予个性化的发展指导。2022 年起，格致中学承担上海市黄浦区创新英才培养"登峰计划"学科拔尖人才培养基地的建设任务。学校依托人才培养基地这一平台，将人才培养与教师发展相结合，安排数学、物理、化学、生物学等学科的

青年教师同时承担班主任和竞赛指导工作,引导青年教师主动关心结对学生,定期开展家访、主题谈话,对学生的学习、品德及生活等方面进行个别指导,积极开发并实施满足学生个性化发展需要的校本课程,利用课余时间为资优生开展个性化的学科拓展和课题研究指导,进一步涵养青年教师启智润心、因材施教的育人智慧。

近年来,格致中学青年教师累计培养学生在数学、物理、化学、生物学、信息学五大学科竞赛中获一、二、三等奖273人次,其中16人次在全国奥林匹克竞赛或冬令营中获得奖牌,为高等院校培养和输送了一批有志于投身我国基础学科建设的青少年拔尖人才。

培养和造就高素质专业化创新型教师队伍,是建设教育强国的重要支撑。上海市格致中学在教师队伍建设中不断强化教育家精神的引领作用,依托三个平台,引导青年教师坚定崇高理想、继承优良品质、练就过硬本领,自觉成为教育家精神的传承者和践行者,努力通过自身的育人实践,为社会主义现代化建设提供人才支撑,矢志成为学生成长路上的大先生和引路人。

(责任编辑:茶文琼)

新时代高素质专业化创新型教师队伍建设的黄浦实践

郭金华*

2023年9月，习近平总书记全面深刻地阐述了中国特有的教育家精神的丰富内涵和实践要求，既是对教师职业精神的凝练与升华，又是立足当前强国建设、民族复兴的特殊历史使命，对广大教师寄予的新要求。2024年8月，《中共中央 国务院关于弘扬教育家精神加强新时代高素质专业化教师队伍建设的意见》发布，提出了坚持教育家精神铸魂强师、坚持教育家精神培育涵养、坚持教育家精神弘扬践行、坚持教育家精神引领激励的要求。2024年9月全国教育大会上，习近平总书记指出，要实施教育家精神铸魂强师行动，加强师德师风建设，提高教师培养培训质量，培养造就新时代高水平教师队伍。

黄浦区是上海的"心脏、窗口和名片"，黄浦教育以"办人民满意的教育，办学生喜欢的学校"为追求，致力于打造"教育改革引领区""创新教育先行区""教育发展精品区"。我们将弘扬和践行教育家精神，融入教师培养、发展的全过程，贯穿教师课堂教学、科学研究、社会实践等各环节，纳入教师管理评价全过程，引导广大教师将教育家精神转化为思想自觉、行动自觉，努力建设一支满足社会主义现代化国际大都市核心引领区一流现代教育需求的高素质、专业化、创新型的现代教师队伍。

思政铸魂，加强教师队伍思想政治教育建设

当前，国际形势日益复杂多变，意识形态领域面临的形势和斗争更加复杂，尤其是针对广大青少年的思想教育愈发紧张。如何将思想政治工作与人才培养贯通，推动思想政治教育与知识体系教育有机统一，加强学生思想政治引领，使之成为理想信念坚定、视野格局开阔、能担当现代化建设重任、坚定不移听党话跟党走的时代新人，是摆在我们面前的重大课题。要培养理想信念坚定的学生，就必须有一支"心有大我、至诚报国"、理想信念

---

* 郭金华，上海市黄浦区教育局局长。

坚定的"引路人",将"为党育人、为国育才"的使命和立德树人的根本任务放在心里,扛在肩上。

黄浦区建立健全教师定期理论学习制度,坚持不懈地用习近平新时代中国特色社会主义思想凝心铸魂。发挥黄浦红色资源集聚区的优势,创新具有黄浦特色的师德师风涵养模式,建设涵盖"师说红课""红色行走""红色校史"和"红色经典"等具有黄浦特征的"红色思政"课程,打造"红色思政"师德师风教育品牌。

锤炼党性修养,实施"铸魂"工程。加强对优秀教师的政治引领和政治吸纳,健全"双培养"机制,发挥党组织在思政教育中的主体作用,提升铸魂育人实效。

深化品牌内涵,实施"引领"工程。打造"师说"理论宣讲团,孵化"引路人"青年宣讲队,形成"党史党建"主体课程、"红色黄浦"网络微课、"海派红课"宣教课程、"师说电台"导学课程和"黄浦红剧"沉浸课程以及线上的融媒体平台"五课一体"红色教育宣讲课堂。

点燃动力引擎,实施"标杆"工程。弘扬人民教育家于漪、"时代楷模"吴蓉瑾榜样精神,学有榜样,比有标杆,引导教师积极参与"讲好师德故事""读懂当代学生""我与学生共成长""欣赏他人悦纳自我""身边人说身边事"等主题教育。

推进思政课建设"五项行动",即思政课堂教学深化研究行动、学科德育实践研究行动、"大思政课"教师队伍发展行动、大中小幼思政教育一体化建设行动和"大思政课"综合评价行动,强化思政教师队伍"排头兵"作用,发挥学科教师"系扣人"作用,鼓励其他学科上思政、师生同上思政课,突出班主任、全员导师的"育德育心"作用,共建"师爱暖阳"全员导师制工作特色。

师德立基,完善师德师风建设常态化机制

"言为士则、行为世范"的道德情操,是当代教师的职业操守。"学高为师,身正为范",无德无以立身,无德无以施教。"乐教爱生、甘于奉献"的仁爱之心,是教师的职业良知。教育是爱的事业,爱是一切教育的出发点和归宿。师德师风建设要引导广大教师陶冶道德情操、勤修仁爱之心、坚定理想信念。

黄浦区坚持全员、全方位、全过程师德养成,引导广大教师以德立身、以德立学、以德施教、以德育德,形成了常态化师德师风建设八大机制,即师德规范三级培训机制、师德教育品牌培塑机制、师德师风建设月活动机制、教师成长仪式教育机制、师德师风问题查验机制、优秀师德典范选树机制、师德失范行为警示问责机制、师德师风年度考核机制。

师德规范三级培训机制。将育德意识、育德能力和各类师德规范纳入"市、区、校"三级教师培训中,纳入新教师入职教育和在职教师全员培训必修内容,每位教师平均每年须参加不少于20学时的师德培训。

师德教育品牌培塑机制。加强于漪教育教学思想学习和宣传,深入建设"师说红课""红色行走"以及"时代楷模"吴蓉瑾情感教育名师工作室等师德教育品牌。

师德师风建设月活动机制。每年开展师德师风建设月活动,实施"以德立身""以德立学""以德施教"三大工程,提升教师的思想政治素质,精进教师的职业道德素养,涵养教师的个人品格。

教师成长仪式教育机制。开展入职宣誓、师德承诺、从教三十年表彰、教师荣休等仪式教育,进一步激发教师涵养师德的内生动力,提升教师教书育人的荣誉感和使命感,形成弘扬高尚师德的强大正能量。

师德师风问题查验机制。把师德表现作为教师招聘、定期注册、职称评审、岗位聘用、年度考核、评优奖励的首要要求。每学期联合公安部门开展一次违法犯罪记录查验,覆盖全体中小学、幼儿园新入职教师和在职教职工,对出现严重师德师风问题的教师,实行教育全行业禁入。

优秀师德典范选树机制。加强选树和宣传优秀师德典范,通过评选"春风化雨·黄浦好教师",选树"师爱暖阳"教书育人典型等,讲好优秀教师教书育人故事,弘扬高尚师德。

师德失范行为警示问责机制。加强对师德师风建设工作的监督检查,将师德师风作为教育系统督查检查的重要内容,坚持失责必问、问责必严,对相关单位和责任人落实师德师风建设责任不到位、造成严重后果或者恶劣影响的,依法依规予以严肃追责问责。各校全面落实新时代中小学、幼儿园教师职业行为准则,建立相关方案,健全师德失范行为通报警示制度。

师德师风年度考核机制。完善教师考评制度,将师德教育融入教师准入、职后培训和管理全过程,把师德建设作为学校工作考核和办学质量评估的重要指标。

能力铸本,构建教师专业发展体系

"师者,所以传道受业解惑也。"随着社会经济的发展和科技日新月异的变化,学校已不再是学生获取知识的唯一来源,教师也绝不再是学生知识习得的唯一途径。特别是以人工智能为代表的前沿技术的突破,使机器从过去替代体力劳动向替代脑力劳动转变。因此,对于学生未来应当拥有怎样的基本素质和核心能力,教育如何培养出这样的基本素质和核心能力等提出了全新要求,教师需要不断地更新知识、迭代技能,才能适应当前教育改革和教育强国建设任务的要求。因此教师需要秉持"勤学笃行、求是创新"的躬耕态度,修炼"启智润心、因材施教"的育人智慧。

黄浦区构建了由市教师教育学院、区教育学院、高校、中小学(幼儿园)及科研机构、企业、社会等多方参与的在职教师全员全过程全方位培养培训体系,加强精准施训。结合黄浦区域发展和教师培养需求,实施教师队伍培养的四大工程,着力提升教师学历水平、科学品质、创新能力、数字素养,拓宽国际视野。

一是实施教师学历提升工程。实施黄浦教师学历提升计划,制订教师学历提升方案,科学合理制定目标,细化实施举措,保障实施效果。深化教师定向培养机制,推荐、组织优秀教师在职攻读教育硕(博)士专业学位研究生项目。健全中小学(幼儿园)见习教师规范化培训制度,加强规范化培训与教育硕士衔接培养。

二是实施教师职称优化工程。突出教育教学实绩,突出质量导向,把认真履行教育教学职责作为评价教师的基本要求。根据不同学科、不同岗位特点,坚持分类评价,对在基础教育领域作出突出贡献、发挥重大作用的教师,到外省市对口地区支教的教师及本市乡村学校任教的教师进行政策倾斜。通过高校合作培养、专题培训等方式,为教师提升职称水平创造条件。

三是实施教师能力提升工程。完善教师培训顶层设计,引入高校、科研机构、企业、社会等优质资源,搭建"大家讲坛""黄浦论坛""创新峰会"等平台,建立开放多元的教师培训体系。加大与华东师范大学等高校合作力度,继续共建教师职前培养基地,进一步吸引优秀人才投身黄浦教育。加强区教育学院和教师专业发展校建设,完善区域教师专业发展和梯队建设,持续深化教师分级分类培训,优化市、区、校三级培训,加强自主研修。完善教师培训内容,强化精品课程资源运用,积极培育、集中展示推广区域优秀教育教学成果。强化重点内容培训,在学科本体知识、教育教学技能等培训基础上,以新课程、新教材实施为抓手,深入推进教师数字素养提升工程,加强中小学(幼儿园)教师对前沿科技的了解,全面开展中小学(幼儿园)教师心理健康教育培训,推进全员导师制实施,提升教师家庭教育指导能力。

四是深化教师梯队培养工程。根据教师成长规律设置职初教师、成熟教师、高端教师、海派名师四个梯队,分层实施黄浦职初教师核心能力提升工程、新锐教师成长计划、新秀教师发展工程、黄浦海派名师梯队建设培育工程、黄浦教师教育精品课程建设工程等，打造"萌芽杯""新锐成长营""新秀杯""优青讲台""名师论坛""高峰讲堂"等系统化的教师专业发展平台，助力不同层次教师梯度发展。

改革保障，激发教师队伍内在活力

一是完善教师编制管理。推进落实上海市中小学（幼儿园）机构编制配备标准，加大编制资源统筹力度，探索设立集团、学区统筹编制，通过"区管校聘""集团统筹"等方式，加大编制资源统筹力度。探索编制弹性化、动态化调整机制，适时优化学校间事业编制配置，保障中小学（幼儿园）教育教学发展需要，提高事业编制使用效益。坚持向教师岗位倾斜，加强体育、思政、科学、劳动技术、心理健康等紧缺学科及特色学科教师配备。

二是加强教师配备服务。根据生源数量变化情况加强研究和动态调整师资配备，依托全国教师管理信息系统数据，建立教师综合服务管理平台，对各学段、各学科教师配备情况进行监测和预警分析，支持动态调整教师配备结构，推进教师供给侧结构性改革。推进实施兼职教师制度，吸引优秀人才和专业人才加入基础教育教师队伍，服务学校发展。

三是完善岗位设置管理。坚持"总量控制、盘活存量""分级管理、统筹使用"的原则，加大区级岗位统筹调控，按照"分级分类"和"基准比例＋激励比例"建立区级统筹的岗位"蓄水池"，根据区域承担全市教育改革任务和特色重点发展，优化各类公办中小学岗位资源配置。设置党务人员岗位，探索中小学（幼儿园）党务工作人员双线晋升。设置专兼职教练员岗位，进一步深化体教融合。

四是推进教师交流轮岗。制定《黄浦区基础教育学校教师交流轮岗工作的实施意见》，推动优质师资在区域内合理流动，实现教育资源共享。统筹区域内教师资源，加大区域内学科带头人、骨干教师等在教育集团、学区、协作块内、对口支援地区的流动力度。加强对流动工作的监督和管理，将教师流动情况纳入学校办学绩效考核、学区和集团办学情况发展性督导评价指标。

从"四有"好老师、"四个引路人"，到"四个相统一"和"塑造学生品格、品行、品味的'大先生'"，再到"弘扬教育家精神"，为教师队伍建设赋予了新时代的内涵与精神。黄浦区将继续锚定国际化大都市中心城区精品教育的目标和定位，加强研究，深化改革，努力把教育家精神内化为教师教书育人能力、教学方式方法，以实际行动投身教育强国建设的生动实践，形成教师队伍高质量发展的"黄浦范式"。

（责任编辑：汪海清）

以教育家精神焕发教师专业生命力

邱中宁*

教育家精神的凝练,既有丰富的内涵,又有明确的实践要求;既深刻体现了中华优秀传统文化,又富有鲜明的时代特征。教师是强教之本、兴教之源,教育家精神的提出,为新时代教师队伍建设和教育发展注入了新动能,具有重要的战略意义。弘扬教育家精神,是实现教育现代化、建设教育强国的迫切要求,更是培养高素质教师队伍的本质要求。上海市静安区深入学习习近平总书记关于教育的重要论述,大力弘扬传承教育家精神,将教师作为教育高质量发展的第一支持力,立足区域教育发展的历史脉络和发展需求,以制度创新为教师专业发展赋能。

在教育家精神的历史积淀中孕育文化自觉

中国特有的教育家精神具有深厚的历史文化内涵,启迪我们从区域教育发展的历史脉络之中寻找发展动力。细数静安教育发展的脉络,名人辈出,历史积淀深厚。蔡元培先生在静安创办了爱国学校,作为其"培养健全人格"的小学教育思想和美育思想的试验田;陈鹤琴先生在静安先后创办了工部局西区小学(今静安区第一中心小学)、市立幼稚师范附属小学(今一师附小)和附属幼稚园(今南京西路幼儿园)等,是其"活教育"思想实验基地;赵传家先生担任市西中学首任校长,提出"好学力行"的办学思想,等等。他们在静安开展的鲜活的教育实验,引领和影响了中国现代教育发展的步伐。

教育先贤的教育实践,体现了深厚的教育情怀,体现了敢为人先的勇气,是中国特有的教育家精神的缩影。他们的教育思想和精神,是静安教育的宝库,被一代代教育工作者赓续传承。锐意改革和勇于创新已内化为教师的价值共识和文化自觉,激励着新时代静安教育人为面向未来的教育发展,为"让教育激发每一位学生的生命活力"而不断奋斗。

---

* 邱中宁,上海市静安区教育局局长。

新的历史时期，静安教育人秉承教育先贤"敢为天下先"的勇气，锐意改革、勇于创新，主动迎接挑战，不断丰富着静安教育的独特内涵。育才中学段力佩校长坚持教改路，提出了"读读、议议、练练、讲讲"的八字教学法和"三自"的学生发展要求，形成了耳熟能详的育才经验——为了时代、为了社会、为了孩子的未来而育才的精神。一师附小倪谷音女士发展刘佛年老校长的教育思想，提出了"让每一个孩子拥有幸福童年"的愉快教育思想。刘京海校长提出的成功教育在全国产生了较大影响。新的历史时期，静安教育的后来者们坚守教育理想，攻坚克难，涌现出如学程改革、后茶馆式教学、"做中学"科学教育、社会性情绪能力、创造教育、游戏教育等新的教育品牌，回应了新时代教育发展的要求。

教育家精神引领的区域教育创新实践

教育家精神是对广大教师的精神感召与呼唤，是对每一位教师追求专业发展的精神指引。面对新时代为党育人为国育才、建设教育强国的新使命，面对教育改革与发展的新任务，面对扩优提质的新要求，面对人民日益丰富的优质教育需求，静安区把握未来教育发展的特征，从专业发展境界、专业能力提升、专业动力激发等方面引领、支持教师发展，以高素质专业化教师队伍为区域教育高质量发展筑牢根基。

坚持正确的教育思想，提升教师专业发展境界

教师工作的本质是塑造灵魂、塑造生命、塑造人，是促进人的成长。蔡元培先生说："教育者，养成人性之事业也。"人民教育家于漪老师说："教育是以生命唤醒生命，以生命塑造生命。"教育家精神蕴含的大爱思想、家国情怀以及开拓创新的精神，既是新时代呼唤的人才品质，更是培养担当民族复兴重任的时代新人的内在要求，需要教师具有正确的教育思想、广阔的育人视野和落实在教育行为中的价值共识，不断提升专业发展的境界。

一是大力倡导以素质教育为导向的师德师风。教育思想的高度和正确性应是师德师风的核心要求。静安区始终把党的政治建设摆在首位，把师德师风作为评价教师的第一标准。同时，坚持以人的发展为本的价值导向，大力倡导实施素质教育的师德导向，如静安区在历次的区域教育事业改革与发展规划制订和实施中，持之以恒地倡导坚定的理想信念和高尚的师德师风。长期一以贯之的坚守和倡导，使"让教育激发每一位学生的生命活力"的观念成为静安教师的价值和行动共识。

二是不断拓宽教师专业视野，提升教师综合素养。时代在飞速发展，科技进步日新月异，"教育者，非为已往，非为如今，而致力于未来"。教育是面向未来的事业，教师须有开阔的视野和厚实的综合素养，了解社会、科技、教育发展前沿和趋势，主动学习、把握教育政策环境的变化，能在教育教学中主动反映和顺应变化。

教师综合素养的提升既能厚实教师个人素养，也有益于教师提升专业生活品质，更有助于提升教育教学实效。我们开发区域内丰富的社会文化艺术资源，推出了"虚拟账户"培训，从课程培训流程与规则、课程遴选机制、课程实施与评价反馈机制、经费支持等方面进行了规制并付诸实施，形成了艺术修养、传统文化、信息技术、日常生活等五大类教师综合素养提升培训课程，深受教师欢迎。对参训教师进行的调查表明，90%以上的教师满意度较高。

三是引领教师教育共识，坚定育人信念。在教育改革发展进程中，以学生发展为本是静安教育人始终坚守的教育信念。区域开展的个性化教育调查结果显示，班主任关心学生兴趣和爱好的发展，关注学生情感体验，注重在班级内营造人人平等、相互尊重的氛围；教师在尊重差异、特需设计、资源利用、氛围营造等方面属中上水平，这从侧面说明教师实现了育人观念的深刻转变。

把握教育发展方向，提升教师育人智慧

教育是培养人的事业，需要教师立足对生命独特性的理解启智润心，因材施教；需要教师紧跟教育发展趋势，勤学笃行，求是创新；需要教师躬耕课堂，以智慧启迪智慧。静安区在教育事业发展过程中，紧扣素质教育实施和教育个性化的发展趋势，从研究能力提升、实践智慧提升和自主发展动力激发等方面，不断提升教师育人智慧。

一是实施重大项目，提升教师研究意识和能力。在区域教育近三十年发展进程中，静安区谋划了六个渐次深化、结构关联的重大区域项目（见图1）。尤其是在"九五""十五"和"十一五"的探索基础上，"十二五"伊始，静安区明确提出了"教育走向个性化"，构建了长效机制，"十三五"密切跟进，探索了"深化教育个性化"的路径和方法，"十四五"立足培养全面发展的人，聚焦激活学生创造力，深入探索催生教学深度变革的实施路径。这些项目主题上相互关联而又不断深化聚焦，在研究方法上经过了质性研究、实证研究到实践性循证研究的迭代升级，形成区域教育改革不断走向深化的实践性循证范式。

正如苏霍姆林斯基所说，在学校里，真正的创造性劳动首先要具有研究精神，应该引导教师走上研究这条幸福的道路。在区域重大项目推进过程中，我们将教师的研究意识与

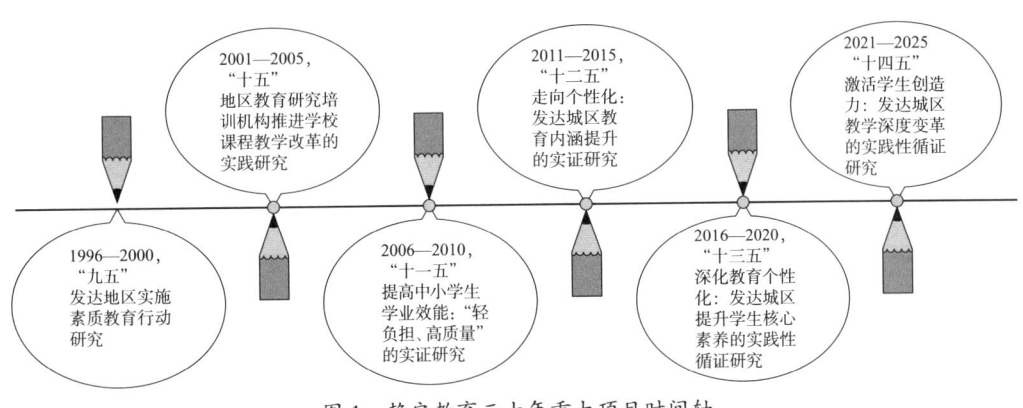

图1　静安教育三十年重大项目时间轴

能力提升作为教师发展的重要品质予以高度支持。如打造科研成果交流的特色平台——科研流动站，开展优秀教学成果推广应用实践，培育和孵化学校、学习共同体及教师个人等不同层面课题项目。特别是我们持续开展了"实证研究方法分阶段递进式的普及培训"和"实践性循证的协作攻关研修"，一体化推进培训、研修与教师能力发展，教师的教育教学研究与实践都力求运用实践性循证的方法，强调不断优化的循环历程和基于证据的持续改进，实现了区域教育改革深入推进、范式进阶和教师研究能力提升的多维互促。

二是策划专项行动，提升教育教学能力。课堂是教师践行教育家精神、实现专业发展的主阵地，需要根植于实践情境，以解决实际问题为指向。静安区聚焦在课堂常态调研中发现的教师需求和热点难点问题，以教师行为优化和能力提升为目标，设计扎根于课堂实践的教师发展载体，逐步形成了提升教师教育教学能力推动改革落地的专项行动机制。专项行动面对不同教师，以项目策划实施为抓手，具有教师参与面广、参与程度深、实施周期长、推进过程实、专业支持力度大的特点。

三是推广优秀教学成果，实现育人智慧共享。教师的专业发展具有个体自主性，但教师专业发展最有效的方式和最需要的支持是通过学习共同体实现优质经验的传播与共享。静安区拥有9项基础教育国家级教学成果一等奖和11项二等奖，成果内容指向各学段的教育教学创新，既是静安区长期以来坚持的重大项目引领下创新实践的智慧结晶，也构成了优质的教师专业发展资源群。静安区构架了优秀教育教学成果推广应用的区域路径，聚焦成果推广应用的证据因素，紧扣教育成果推广应用的"落地—转化—创生"的关键环节，面向全区教师搭建、整合区域特有的学习共享载体，实现了智慧共享、已有教学成果迭代升级与孵化催生新成果的目标。

创新教师发展机制，提升教师发展自主能力

教师专业发展是终身学习的过程，需要可持续发展的内在动力，其重要来源是教师专业发展自主性。静安区通过培育教师的教育主张、全生命周期视角下的专业发展进阶设计和利于教师自主发展的氛围营造，持续提升教师自主发展意识和能力。

一是培育教师的教育主张。教师的教育主张是教师在教育实践中形成的对教育工作本质的认识和理解，它的培育和形成，是个体、群体、学校乃至区域整体长期互动、碰撞、交融、孕育的结果。静安区创设了一系列机制载体展示教师风采，培育教师的教育主张，这些主张是对正确的教育价值观和育人观的诠释与践行，反映了对区域教育改革与发展的文化认同。如每年举办"静安教育学术季"，旨在培育研究文化和项目，启迪教师学术精进；"教育科研流动站"旨在实现优秀教育教学成果推广应用以及教师培养的双重目标；中生代教师"自创式研修"支持教师自主组建团队实现自我发展与突破；"教师学术休假"制度支持符合相关规定的教师，专门休假从事学术研修和学术研究成果编撰等，阐发教育主张。

二是支持教师专业全生命周期可持续发展。教师专业发展贯穿教师职业生涯始终，呈现出阶段性、个性化等特点，静安区以教师专业全生命周期发展为主线，既关注进阶式通道设计，又关注优秀人才脱颖而出的机制创新，构建了从"见习期教师—职初教师—中青年骨干教师—名优教师—拔尖人才"的进阶式培养架构，并形成区域优秀教师发展序列。我们深化实施"见习期教师规范化培训""2—5年职初教师胜任力提升""青年菁英教师培养""教育拔尖人才培养"等项目，特别针对教龄5—15年的中生代教师的专业发展需求，实施了"静安区中小学（幼儿园）教师专业发展'515工程'"。各项目制定了个性化的组织框架、培训方案和管理办法，实施中注重个性需求，阶段间加强有效衔接，使不同发展阶段的教师明确专业发展目标和路径，实现了目标导向性、需求针对性、方式多样性和效果显著性。

三是营造良好教育氛围，提升教师职业幸福感。学校工作氛围较大程度影响教师专业发展动机，进而影响教师发展主动性，"工作与生活的平衡"也是教师职业体验的重要影响因素。据此，静安区特别关注教师"工作与生活的平衡"和"身心健康"，以此作为教师政策制定的重要考量维度。例如，制定了《中小学班主任"减负提质"十条》，尝试探索针对不同层次教育人才提供一次性补贴、安居补贴、租房补贴、人才公寓等多种形式的支持等。学校层面上，静安区采取分类协同发展的策略，以"活力指标评价"引领学校特色发展、错位发展、协同发展，激活学校办学活力，助力学校加强尊重教师自主权的组织文化建设。

静安区坚持弘扬"以人的发展为本"的教育思想，引导全社会形成素质教育的价值共识，加强家校联合的机制设计，建设教育友好型社区，家校社形成合力共同培养时代新人，为教师专业自主发展营造了良好的社会氛围。

以教育家精神引领教师专业发展的思考展望

面向未来教育发展要求，我们继续激励教师立足岗位，将教育家精神内化于心、外化于行，实现价值引领与教师自主成长的良性互动。

一要更加激发教师的内在发展动力。"人无精神不立，国无精神不强。"面对重大的历史使命，精神引领和价值支撑下的内在发展动力对教师而言十分重要。教育家精神是扎根于中国大地、浸润于中华悠久文明的潜心育人的教育家和教师群体的特质，是激励广大教师追求精进、自我发展的内在力量，应助力教师将其内化为自身的教育品格，激发出持久的发展动力。我们要更加尊重教师专业发展的主体地位，凸显教师专业自主性，促进教师自我发展。我们还要不断完善区域特色教师发展与共享平台，提高其影响力，增强其持久性，滋养教师的教育主张和信念，激发教师专业发展动力。

二要更加激活教师的教学创新潜力。激活学生创造力是新时代社会发展的必然要求，以激活学生创造力为己任更是教师专业精神的深刻体现。静安区确立了以激活学生创造力推动教学深度变革为区域教育改革发展的深化方向，这对教师的教学创新提出了高要求。调查表明，静安区教师对于激活学生创造力的信念较强，具有较强的内外部动机，总体状况良好，对于学校创新氛围和理念较为认同，调查也发现了教师对于学校和区域的专业需求。我们将研发激活学生创造力的学科教学指南、建设典型样例库为教师提供支持，以评价为导向，鼓励学校通过开展针对性研修活动、提供专业资源和营造创新氛围等途径支持教师的教育教学创新。

三要更加焕发教师的专业生命力。于漪老师说："教师是需要以整个生命去拥抱的伟大事业。"学校是青少年学生学以成人的主要场所，需要教师启智润心、行为世范，更需要教师拥有心有大我、至诚报国的大境界和胸怀天下、以文化人的大格局。我们将以教育家精神为指引，大力倡导素质教育导向的师德师风，引领教师厚实文化学识，涵养育人智慧，在终身学习中不断提升专业境界，以充满智慧的专业生命影响成长中的生命，切实承担起培养堪当中华民族复兴伟业的时代新人的历史重任。

（责任编辑：李玮）

以教育家精神为引领,创新教育研究和实践

何美龙*

2024年8月,《中共中央 国务院关于弘扬教育家精神加强新时代高素质专业化教师队伍建设的意见》发布。上海作为中国教育改革的排头兵,进入21世纪以来,特别是在普教系统,通过"上海市普教系统名校长名师培养工程"高峰计划、攻关计划、种子计划的持续推进,通过"践行教育家精神、做于漪式好老师"系列活动,打造高素质专业化创新型教师队伍,取得了明显成效。如何以教育家精神为引领,擦亮教书育人底色,让更多的"好老师"得以涌现、"好教育"得以发生?如何丰厚土壤,营造教育家培育的大环境、建立更好的生态?这是教育强国建设的历史使命,现实需要我们大胆探索,勇于实践。

树立"大教育学"理念,着力教育大学科建设

教育学作为一门为教育实践提供理论依据,探索各种有效教育策略和方法,推动教育制度、课程设置、教学方式等方面改革和创新的综合性学科,其作用和地位也将愈发凸显。加强教育学学科建设,助推教育改革实践,应是上海教育强国建设的重要举措。

教育学的研究不断催生新的教育理论,而每一种理论的诞生,都极大地促进了人们对教育的理解,产生了各种新的教和学的方法。正是这些理论和方法,展现了教育学研究的成就,确立了如今发达国家教育的形态。研究教育,研究教育学,成为推动教育改革的活力源泉。

上海教育一直在追赶世界最先进的脚步,我们在学习发达国家教学改革的基础上,不甘落后。但与发达国家对于教育学研究的重视程度相比,我们在教育研究的投入和教育大学科的建设上,还是逊色许多。原创性的教育理论和方法很少,研究方法上定性研究多、定量研究较少,教育学者进入中小学进行实证研究的质量和水平有待提升。

人民教育家于漪老师的大学本科专业是教育学,她在中学语文教育上作出了卓越的成

---

* 何美龙,上海市闵行区教育局局长,上海市地理特级教师,正高级教师。

绩，这与她的大学专业是有关系的。发展孩童的兴趣，激发其潜力和想象，是教育强国建设的重大举措。鼓励综合性大学，在博士、博士后层面研究教育发展规律，培育更多高层次教育管理人才，让更多具有教育学专业背景的人才进入教师队伍，促进中小学教育改革在实践中发展，是未来上海教育的希望所在。

华东师范大学叶澜教授说："我们要有自己的理论，而且还要拿出自己的解决方案。"坚持"高素质专业化"重大定位，推动师范院校聚焦主业，鼓励支持高水平综合性大学举办师范教育，让优秀的人培养更优秀的人。教育强国建设、创新人才培育，需要加快"大教育学"学科建设，让教育学成为全社会关注的重点学科，让教育人才培育高起点、高层次。

倡导教育家办学，大先生施教

"家"是"大家""专家"，是指某一领域具有特别智慧和能力，按照规律行事的人。社会上把"家"看得很神圣，类似艺术家、科学家等，是著书立说，开山立派，在某一领域或者多个领域成就一番大气象的人物。"教育家"，即教育大家，是在教育领域洞悉教育规律，能按教育的规律做事，做实事和大事的人。大家公认的教育家是有深邃教育思想，有教育专业传承的，既有学术理论，更有实践垂范。

陶行知先生创办晓庄师范学校，办学宗旨是"要造就好的乡村教师去办理好的乡村学校"，这是他践行"生活即教育""社会即学校""教学做合一"理论的重要基地。后来，他创立山海工学团，是集学校、工场、社会于一体的乡村教育机构，以贫苦大众为教育对象，采用半工半读形式。在这期间，他总结出了"即知即传"的"小先生制"等教育经验。再后来，他在重庆创办了育才学校。陶行知先生认为生活含有教育的意义，教育在种种生活中进行，现实生活是教育的中心。同时，生活决定教育，教育也能改造生活。教学做合一，是"生活即教育"在教学方法问题上的具体化。要求学生手脑并用，"在劳力上劳心"，破除教育中劳心与劳力分离的现象。他主张"行是知之始，知是行之成"，强调教与学都必须以"做"为中心。

叶澜教授从1999年开始，在上海闵行区持续进行了25年的"新基础教育"研究实践。2000年后，江苏、福建、广东、海南、山东等地的许多学校加入实践团队。"新基础教育"提出"把课堂还给学生，让课堂焕发生命活力"，其团队深入学校课堂，与校长、教师共研讨，建立"新基础教育"话语体系和课堂教学的创新模式。他们鼓励教师转变教学方式，开展以学生为中心的探究式、合作式、体验式教学。叶澜教授的"新基础教育"研究是理论与实践紧密结合的典范。

　　1977年起，顾泠沅老师在青浦县（现青浦区）主持数学教育改革实验近20年，先后完成了"大面积提高数学教育与质量的实验研究""教改实验的方法学与教学原理研究"等项目，在全国引起广泛反响并产生了国际影响。

　　20世纪70年代末到80年代后期，于漪老师上了近2000节公开课，其中500节是公认的经典示范课。她先后发表了500多篇文章，出版了700多万字的《于漪全集》，被党中央授予"人民教育家"称号。

　　今天的学校和教师队伍建设，不缺世界先进教育理论的学习，缺的是如何运用理论指导实践。在推行新课程改革实践中，相当一部分教师迷茫着前行，不知道教育改革如何落地。上海教育界应鼓励教育研究者深入教育一线，开展基于实践的研究，将理论研究成果及时应用于教育实践，同时从实践中提炼新的理论和经验。理论与实践的相互促进，才能推动上海教育不断创新和发展。

　　叶圣陶、丰子恺等文学、艺术巨匠参与民国时期中小学教材的编写，朱自清为中学生编写《经典常谈》等文化经典读本。弘扬教育家精神，需要专业大家亲身参与中小学教材和读物建设，需要于漪这样的"大先生"实践垂范，更需要教育学研究者走到教育一线，让教育学者与广大教师共研教育规律、共推教育改革。这也是教育学综合性、实践性学科性质的内在含义。教育学者只有走进一线课堂，与教师共探讨、共反思，才能真正让理论研究发挥成效。科研也好，教学也罢，不能局限在书斋，关键在课堂，既在学校小课堂，也要在社会大课堂。

加强教师价值引领的人文学科建设

　　教育家精神是教师群体在长期教育实践中形成的宝贵精神财富，既源于师道精神的优良传承，又观照当下强国建设、民族复兴的使命。2023年教师节前夕，习近平总书记从理想信念、道德情操、育人智慧、躬耕态度、仁爱之心、弘道追求六个方面，深刻阐释了教育家精神的丰富内涵和实践要求。

　　理想信念、道德情操、仁爱之心、弘道追求，都需要加强对教师价值引领的学科建设，建立培育教师"仁爱之心"和"人文底色"的基础课程，培育教师的思辨能力和人文底色。

　　立德树人，身正为范。教师的人文情怀是教师"爱满天下"的大爱精神、"捧着一颗心来，不带半根草去"奉献精神的基石。"千教万教教人求真，千学万学学做真人"的求真精神本质上根植于明辨事理、坚持真理、乐观向上的人文精神。当人工智能能够挑战人类思维、引导价值观的时候，存善念、守良知、做人文的大先生是教育立德树人的强大保障。人工智能时代特别需要人文精神，这也正是未来教师职业的核心价值。

教师的职业特性决定了教师必须是道德高尚的人群。要坚持师德师风第一标准，厚植"言为士则、行为世范"的丰厚土壤。面对纷繁复杂的世界，教师须先独善其身，把自己打理好，阳光而勃发向上，教师教育需要不断加强价值引领的人文学科建设。

提高教师职业的专业门槛，引领社会尊师重教

近年来，政府和社会对尊师重教氛围的营造不能说影响不大、效果不明显，但全社会真正的尊师重教氛围并不浓郁，对教师职业的专业属性认知度和认同度都有待革命性的提高。

为了提高和保障教师的专业性，芬兰在 20 世纪 70 年代起就规定每一位准教师必须通过严格的入学资格审查，接受研究生教育并独立开展一项教育研究。这一经验值得上海借鉴。以 2024 年上海市闵行区新招聘教师为例，404 名应届毕业生中，硕士及以上学历占比已经达到 67.8%。对学科专业提高要求和设置学历门槛，在上海完全可行。

更专业、更职业，挖掘更高的职业内涵和赋予对应的职业门槛，这本身就是树立全社会弘扬尊师重教社会风尚的基础。多种渠道宣传教育家的育人故事和优秀教师的先进事迹，突出典型引领，完善荣誉表彰体系，让教师成为受社会尊重和令人羡慕的职业，让教师真切感受到践行教育家精神的成就感和幸福感，从而形成全体教师争相践行教育家精神的良好氛围。同时，鼓励社会各行各业在向社会公众提供服务时实行"教师优先"，引导图书馆、博物馆等对教师"优待"，营造尊师氛围，这才能真正提升教师职业的荣誉感和吸引力。

基础教育的对象是青少年儿童，教育的目标是青少年儿童的健康快乐成长。作为专家、大家，具备教育家精神的优秀教师首先是在学科专业领域具有精深的学科素养，掌握学科特有的思想方法，洞悉学科发展的方向，深入浅出，让学科的人文精神得以充分发挥，真正学科育人。其次，儿童并不是在学校、教室等简单环境里成长，而是在社会、家庭、自然综合的环境里成长，教育需要充分认识环境育人、系统育人的内在规律。用教育家精神办学是洞识环境综合的规律，既关注学校、学科育人的规律，又关注家庭和社会育人的规律，家校社协同，时时关注，处处关注，让教育无处不在。

（责任编辑：李玮）

以教育家精神引领区域教师队伍建设

陈小华*

强国先强教,强教先强师。《中国教育现代化 2035》将"建设高素质专业化创新型教师队伍"作为实现中国教育现代化的重要战略任务之一,彰显出教师队伍建设的重要性。2023 年 5 月 29 日,习近平总书记在中共中央政治局就建设教育强国第五次集体学习时再次明确教师队伍建设的重要性及总体要求,指出"要把加强教师队伍建设作为建设教育强国最重要的基础工作来抓,健全中国特色教师教育体系,大力培养造就一支师德高尚、业务精湛、结构合理、充满活力的高素质专业化教师队伍"。人无精神则不立,2024 年全国教育工作会议强调高素质教师队伍建设要以教育家精神为引领,这为我们加强教师队伍建设提供了重要遵循。在区域教师队伍建设实践中,我们要以教育家精神为引领,力争不断培养出新时代的"大先生",为教育高质量发展奠定扎实基础。

构建高素质人才新格局,提供弘扬教育家精神的根本保证

教育要面向现代化,面向世界,面向未来,培养具有未来胜任力的高素质人才。教师作为教育教学中的最重要一环,其核心素养已经成为培养学生的关键影响因素。为提升学生的综合素质,培养学生的未来适应力与竞争力,为国家长远发展提供有力的教育支持,世界各国教育领域都越来越关注未来的教师素养。2018 年以来,中共中央、国务院连续发文,明确提出大力推动研究生层次教师培养,将"建设高素质专业化创新型教师队伍"确定为重要战略任务。教师队伍的学历水平作为彰显教师素质的主要信号,也因此成为教育行政部门及学校管理者招录新教师的重要考量因素。

当前,受教育改革浪潮的驱动及知识快速更迭的影响,提高教师学历层次成为建设高质量教师队伍的关键。各国纷纷围绕师资队伍建设投入大量资源,制定优化教师学历结构

---

* 陈小华,上海市松江区教育局局长。

的政策。例如,美国88%的学区向持有硕士学位的教师提供额外加薪,超过半数的公立学校教师拥有硕士及更高学位。此外,为了让教师能够具备优良的教学品质,从容应对教育改革的挑战,不少国家主张将所有教师学历提升到硕士水平。例如法国、西班牙、芬兰、新加坡、德国等13个国家的中小学教师资格标准要求申请者具有硕士学位,以确保他们为提供高质量教育做好充分准备。

松江地处上海市西南郊区,面临着城市快速扩容、人口大量流入、学生数量急剧增长、教育质量不均衡等重重困境。如何推进区域教育高质量发展?国际教育学界很多研究认为,教师学历对学生学业成绩有持久且显著的促进作用,优化教师队伍学历结构是全面提升基础教育质量的重要举措,提升教师学历尤其有利于提升农村地区学生成绩。松江区基于自身现状考虑,参照相关政策文件,借鉴国际经验,将提升教师学历层次、优化教师队伍的学历结构作为基础教育扩优提质的重要手段。招录高素质的青年教师,并将其培养成"合格的未来教师"成为松江区突破重围的必然选择。

近年来,松江区始终坚持高标准、严要求招录高素质青年教师,经过连续多年面向全国省级师范大学、"双一流"高校对口专业招聘毕业生,松江区教师队伍的学历结构得到了极大优化。以近五年为例,松江区共招聘新教师4621名,其中硕士及以上学历占比达42%。在教师招录过程中,除考虑教师学历之外,松江区严格落实《教育部关于推开教职员工准入查询工作的通知》,实行教职员工准入查询制度,依法将师德师风"第一标准"作为入口关的先决条件。当前,这批品德好、学历高、研究能力强、知识结构新、工作干劲足的新教师已经成为松江教育的基础力量和中坚动力。

加强师德师风引领,构建弘扬教育家精神的长效机制

师德师风是评价教师职业操守的基本标准。党的二十大报告明确提出:"加强师德师风建设,培养高素质教师队伍,弘扬尊师重教社会风尚。"松江区大力弘扬教育家精神,聚焦立德树人根本任务,连续推动五轮"强师兴教"三年行动计划,并启动第六轮"强师兴教"三年行动计划。六轮"强师兴教"三年行动计划均将健全师德师风建设,强化师德师风过程性管理,打造高品质师德师风建设项目,涵养高尚师德师风作为第一要务。通过该行动计划的实施,不断提升师德素养,营造良好氛围,扎稳师德师风"第一标准"。

教育家精神的弘扬需要加强师德师风教育,有针对性地开展主题鲜明、内容丰富、形式多样的教育活动,引领广大教师自觉地在忠诚党和人民教育事业的远大追求过程中弘扬

教育家精神。多年来，松江区以"强师兴教"三年行动计划的精神为指导，扎实推进基础教育青年教师、骨干教师的分层分类培训，开发了一系列教师师德师风培训课程。如针对见习教师的培训课程包括"做'四有'人民教师 办人民满意教育""新时代，如何做一名受学生喜爱、家长欢迎的教师？——兼与新教师谈师德""法治角度看师德师风"等师德专题，要求新教师在职初就按照"四有"好老师的标准严格要求自己。通过举办"走向教育家办学"论坛、"云间教育讲坛"和"青年教师TED演讲比赛"等一批具有区域特色的高质量师德师风品牌项目，讲好优秀教师育人故事，引导广大教师以德立身、以德立学、以德施教，使教育家精神"入心入脑"，内化于心，外显于行。

党员教师是教师队伍中的模范、先锋力量。为进一步弘扬崇高的师德风范，推动师德师风建设常抓不懈，在区教育工作党委的引领下，成立了由区教育局党工委书记和副书记领衔，组织人事科、宣传德育科及相关科室负责人和教育学院相关部门组成的工作专班，形成师德师风集中学习的领导与组织合力。要求学校坚持党建引领，将党支部建设、党员教师队伍建设和"四有"好老师建设与师德师风集中学习结合起来，制订校本学习方案，按时提交学习总结报告与典型案例，督促各校抓实、抓细、抓成效。此外，各级各类学校也充分发挥党支部和党员教师的榜样作用，坚持党建引领，通过党员教师师德演讲等活动，使党支部成为涵养良好师德师风的重要平台，党员教师成为践行高尚师德的中坚力量、争做"四有"好老师的示范标杆。当前，全区教育系统通过健全工作机制及深入推进党组织的深度结合，将师德师风建设从区域的顶层设计层面落实到学校的教师队伍建设实践及教师个体的自主学习层面，形成了自上而下的师德师风建设统一格局。

发扬尊师重道传统，营造弘扬教育家精神的优良生态

强国先强教，强教先强师。建设教育强国需要一支具有教育家精神、政治素养过硬、业务能力精湛的创新型专业化教师队伍作为强大支撑。教师所承担的使命之重，不言而喻。教育家精神反映的是教师群体特有的鲜明特征和精神品质。教育家精神的培育及彰显需要全党、全社会形成合力，凝聚内外力量，发扬尊师重道的优良传统，共同营造弘扬教育家精神的优良生态。

教育家精神的弘扬需要加大对优秀教师的宣传表扬力度。教育家精神的弘扬与社会价值准则引导及环境创建密不可分。松江区教育系统不断创新宣传手段，充分利用传统媒体和新媒体，挖掘师德先进典型，及时总结各单位师德建设的经验和教师个体在教书育人

中的先进事迹,组织教育宣讲团,做好经验的推广和复制。同时,通过上海教育电视台、松江电视台、微信公众号、地铁公交等媒体进行大力宣传,扩大榜样示范引领的辐射范围,为弘扬教育家精神营造良好生态。拍摄制作专题片《突围 突破 突显》,回顾近年来松江教育人以匠心精神打造高质量教育的发展路径;通过征集师德小故事,汇总形成《寻找身边的大先生》特刊。58位优秀教师的故事在全教育系统引发了积极反响,也激励更多教师见贤思齐,取法乎上,自觉践行教育家精神,投身教育事业,为社会主义现代化强国建设提供人才支撑和智力支持。

教育家精神的弘扬还需要相关部门完善表彰体系,常态化评选表彰先进教师典型,开展全方位、立体化、多角度的宣传报道。当前,松江区教育系统已将师德表率评选常态化,持续开展区教育系统"五十佳"、年度教师等各类评选,并以庆祝教师节为契机,举行教师节庆祝大会。区委区政府领导分别向获得"十佳师德标兵""十佳管理者""十佳青年教师""十佳后勤服务标兵""十佳班主任"和"年度优秀教师"等荣誉称号的个人颁奖,充分肯定他们为松江教育高质量发展所作出的卓越贡献,营造浓厚的尊师重教氛围。校级层面也依托教师节庆祝活动及师德师风建设月活动,深度挖掘身边师德师风先进典型,大力宣传优秀师德榜样,加强优秀教师表扬表彰,激励广大教师对标先进,比学赶超,自觉淬炼师德师风,争做学生成长成才引路人,用实际行动塑造美好师德形象,进一步推动了教师队伍的全面建设。

守牢师德师风底线,筑就弘扬教育家精神的坚实根基

师德师风是体现教师行为边界的内在要求,不仅是评价教师队伍素质的第一标准,还是弘扬教育家精神的重要途径。教师只有修身养德、以德施教、以德立身,才能获得社会的重视与尊重。

为进一步加强师德师风建设,健全松江区教师管理机制,持续规范教师履职尽责行为,落实立德树人根本任务,松江区教育局依据相关文件制定《松江区教育系统师德师风失范行为分级通报实施意见》,将师德师风建设情况作为学校教育督导、办学评估、文明评比、绩效考核等工作的重要指标。将师德表现作为教师绩效考核的首要内容,考核结果存入教师师德档案,严格执行师德一票否决制,以此引导教师约束自身行为,加强师德修养,防止精神层面"缺钙",引发"软骨病"。

落实立德树人根本任务,教师是关键。但部分教师存在理想信念不坚定、纪律意识淡

薄等问题，导致教师师德师风失范，引发社会舆论。为规范教师从教行为，教育部先后印发《新时代中小学教师职业行为十项准则》《新时代幼儿园教师职业行为十项准则》，上海市教委也印发了《新时代上海市中小学幼儿园教师职业行为十项准则》。松江区教育局高度重视，强调要不断提升运用法治思维和方式推动教育改革发展的能力，并要求各单位对照条款定期梳理本校相关制度建设与培训机制效力情况，着重提升教师在课堂教学、关爱学生、师生关系、学术研究、社会活动等方面的师德素养。全区各级各类学校定期开展法治教育与师德规范学习，用以案释法式的讲座开展警示教育活动，画"红线"，守"底线"，筑"防线"，有效强化了全区教师的法治与规则意识，提升了对"十项准则"的认识深度，对师德师风违规行为的发生起到了积极的预防和警示作用。近年来，全区各校始终保持对师德师风违规行为的高压态势，坚持力度不减、尺度不松、态度不变，帮助和引导教师在思想上、行为上心存敬畏，牢记立德树人底线。区校联动，多措并举，切实强化教师的红线意识和底线思维，筑牢师德师风建设防线。

教育大计，教师为本；教师发展，立德为先。近年来，松江区教育局高度重视师德师风建设，着力完善机制，不断创新方法，引领广大教师自觉以德立身、以德立学、以德施教、以德育人，全力营造风清气正的教育生态。通过各类培训、学习、主题活动等进一步夯实了广大教师弘扬教育家精神，牢记为党育人、为国育才的初心使命，强化了"躬耕教坛、强国有我"的志向和抱负。未来，松江区教育局将结合新一轮"强师兴教"三年行动计划，深度落实思想政治学习与师德建设有机融合，完善师德师风荣誉制度及典型引领机制等方面，坚持精准发力，做深做实日常，多措并举引导教师全面贯彻党的教育方针，始终牢记为党育人、为国育才的初心使命。

（责任编辑：汪海清）

用父母心办教育

李百艳*

习近平总书记对教育家精神的阐释是对教师素养的高度概括,为新时代教师发展提供了根本遵循。理想信念、道德情操、育人智慧、躬耕态度、仁爱之心、弘道追求,这六个方面不仅体现了中华民族的精神魂脉和中华优秀传统师道文化的根脉,也回答了新时代背景下教育工作者"培养什么人、怎样培养人、为谁培养人"这一教育的根本问题,内蕴"师者家国情、师者父母心"的价值内涵。

用父母心办教育,回归教育的基本诉求

"孩子身心健康,于家于国有担当,能够充分发挥自身的潜能,实现人生的价值",这几乎是天下父母对孩子的普遍期望,这份期待也是我从教三十多年来倡导"师者父母心"的理念源泉。

用父母心办教育是一种深沉而朴素的教育情怀。中国有句古话叫"可怜天下父母心",父母对儿女的爱被公认为人间至爱,是无条件的爱,是总想把最好的给予孩子的爱,是百转千回、不离不弃的爱,是"护你周全、玉汝于成"的爱。鲁迅先生曾说"怜子如何不丈夫",用父母心办教育正是基于父母对孩子的深情厚爱、美好愿望和良苦用心。

追溯中外教育思想史,教育家精神中蕴含着的价值导向与用父母心办教育的理念具有一脉相承的历史渊源。在中华传统文化中教师早已被尊崇为与父母同等重要的人。中国古代有祭拜"天地君亲师"的传统,"天生我,地载我,君管我,亲养我,师教我",充分体现出师者在社会伦理道德中的地位和作用。

用父母心办教育,其中的"心"蕴含着仁爱之心的精神内涵,是教育工作者的初心与信念。孔子和孟子均将"仁"视为最高的道德标准;裴斯泰洛齐认为教育的主要原则是爱,

---

* 李百艳,上海市浦东教育发展研究院院长,教育博士,特级教师,上海市特级校长,正高级教师。

"爱的教育"是一种源自"自然"的教育；陶行知提出"爱满天下"的教育理念，要以爱沐浴孩子的心灵，让爱助力孩子健康愉快地成长；于漪老师常说，"我的学生不一定是最优秀的，但我的学生同样是家庭的宝贝、国家的宝贝，我当教师，把他们当宝贝一样来教育。我用荡漾的师爱滋润他们幸福成长"。可见，用父母心办教育的理念贯穿于中外教育思想的历史长河之中，这一理念始终强调教师应像父母一样关怀学生，帮助他们在知识、品德和个性、人格上全面发展。

倡导用父母心办教育具有时代意义。在"父母心"和"教育"之间，关键是一个"办"字，这个"办"字就是创造，实现了具体、个性化和创造性的联结，从而融汇出一种教育理想：教育人当有父母心，用父母心来办教育，必定是人民满意的好教育。

其一，用父母心办教育是以教育公平为价值导向。党的二十大报告提出要"坚持教育公益性原则，把教育公平作为国家基本教育政策"。当前的教育公平已从关注资源配置的起点公平，转向更注重个体过程中的公平体验。尽管每所学校的现实条件不同，衡量好学校的标准不一，但"满足天下父母希望孩子获得优质教育的愿望"是最基本的共识。办好每一所学校，既要尊重教育的基本规律、学生的成长规律和社会发展的规律，也要直面理想与现实之间的差距。面对教育的复杂性，校长和教师在日常教育工作中需要一种坚定的信仰和动力来维持教育的初心，这个信仰源于父母的朴实愿望、党和政府的责任担当，以及作为教育者的责任感。用父母心办教育的理念从深层次上回应教育公平，即通过父母心让每个孩子享有公平而有质量的教育。

其二，用父母心办教育的理念是教育家精神的现实体现。习近平总书记提出新时代教师要做"四有"好老师和教育家精神的六个方面，其中仁爱之心是根本，也是教育的最高境界。天下仁爱者，莫过于父母。孔子提出仁者"爱人"而"亲仁"，这一思想贯穿了他的教育实践；《孟子》中论述道"恻隐之心，仁之端也"，仁爱之心人皆有之，但需要通过道德教育来培养和发扬。在社会迅速变化、竞争异常激烈、家长难免焦虑等现实背景下，当前的教育面临多重挑战，校长和教师只有秉持父母之心，直面挑战，才能坚定地担起育人的责任，才能在压力中保持从容，在追寻教育意义的旅程中远离职业倦怠，以无私的胸怀和更恒久的忍耐始终如一地关爱每一个孩子。

其三，用父母心办教育以实现教育强国为最终目的。在2024年的全国教育大会上，习近平总书记强调："建成教育强国是近代以来中华民族梦寐以求的美好愿望，是实现以中国式现代化全面推进强国建设、民族复兴伟业的先导任务、坚实基础、战略支撑，必须朝着既定目标扎实迈进。"教育强国不仅体现在国家整体教育水平的提升,更在于每一个个体的全面发展。要实现这一目标,关键在于为每一个孩子提供优质的教育机会,让他们都能发挥自身潜能,成长为社会的有用之才。只有确保每个孩子获得公平、优质的教育,才能形成具有责任意识和创新能力的人才群体,推动社会进步和国家的长远发展,为国家的未来注入持续动力。

用父母心办教育,强调的是教育的公平和教育者的仁爱,还有一种超越简单朴素的理性态度。校长和教师作为专业工作者,其专业精神体现在不同于父母的感性之爱,更多的是理性之爱。因此,也会因着教育智慧的不断提升而避免某些父母的狭爱与错爱,不断走向更加成熟的智爱与大爱,为社会主义事业,为中华民族伟大复兴,培养一代又一代的建设者和接班人。

用父母心办教育,探索学校变革的实践理路

用父母心办教育,不仅是一种价值追求,还需要教育者做到知行合一,将这种精神内化为自己的行动准则,落实到日常教育教学中。从一名语文教师到成长为一名校长、院长,用父母心办教育的理念已渗透在课堂教学、办学育人、教师培育的方方面面,成为我始终坚守的教育宗旨。

立德树人,为学生打下中国人的精神底色

教育者作为文化的传播者和育人之道的践行者,承担着双重责任:既要传承和发扬中华文化的精髓,为学生打下中国人的精神底色,又要创新教育方式,帮助学生在现代社会中寻找自我的未来发展方向。无论是做教师还是做校长,我始终将立德树人作为办学育人的最终目标。

在担任上海市建平实验中学校长期间,我引领学校坚持五育并举,在课程建设、学校文化建设等方面坚持育人导向。学校将"建德建业,惟实惟新"作为核心价值,以"脚踏实地育真人,千方百计创未来"为办学理念,从多维度构建了"美丽校园、书香支部、心灵港湾、温馨班级、德业课程、对话课堂、真善少年、仁爱教师、智慧家长"的九位一体教育蓝图。这些既传承了学校建校以来的宗旨,又为未来的教育实践指引了方向,体现了对教育本真意义的价值追求。

每一门学科的教师都应思考如何实现学科育人的独特价值。例如,语文学科的育人价值不仅在于通过阅读、朗读、表演、写作等方式,培养学生的语言能力和思维能力,更

在于通过传承文化精髓，涵养学生的精神家园，铸牢学生的中华民族共同体意识。作为一名语文教师，在三十余年的教学生涯中，我秉持"教文育人、立文立人"的理念，在语文课堂上，格外重视激发学生学习的兴趣和热情，带领学生慢慢走进魅力语文之门，走进语文"桃花源"，让学生因为爱语文而热爱中华文化，因为爱语文而爱国。

以情育心，用真爱拥抱每一个孩子

教育的根本在于知心、育心。教育就像弹琴，教师要触动学生的心弦，才能奏出美妙的乐章。教师心中一定要饱含对生命的敬畏与尊重，要有对学生敏锐的觉知和深深的爱。张晓风在《我交给你们一个孩子》一文中提到，她把自己的至爱交托给了学校，她的担忧、她的疑虑、她的盼望，她下赌注一样的心情，其实与所有的父母并无两样。情同此理，人同此心，用父母心办教育并不是一句标榜的口号，而是源于这样一种朴素的情怀——我们希望自己的孩子遇到怎样的老师，我们就要努力去做怎样的老师；我们希望自己的孩子受到怎样的待遇，我们就要怎样去对待别人的孩子。

例如，我在担任校长期间，特别重视青春期学生的心理健康。学校专门开设心理健康课程，还要求各学科渗透德育和心理健康教育内容，帮助学生养成健全的心理素质。同时，注重打造环境幽雅、文化氛围浓厚的多样化学习空间，助力学生心理健康成长。又如，由于实行就近入学和融合教育政策，学校中有一些特殊学生，学校对每个班级的特殊学生进行筛查，建立档案并实行动态管理。针对这些学生，学校还配备了专门的导师，实行"手拉手"结对帮扶，让这些孩子在遇到困难时能够找到最了解他们的老师。

陶行知说："真教育是心心相印的活动，唯独从心底里流出来的，才能打到心的深处。"我坚信用父母心办教育，用心育人，以情育心，这份真挚的爱必定能化成一股强大的教育力量，给学生一生带来积极深远的影响。

对话教育，促进学校教育活力迸发

用父母心办教育，旨在满足人民群众对高质量教育的需求，激发师生的内生动力，提升教育教学质量，办人民满意的家门口好学校。尽管经过多年的改革，学校的育人质量显著提升，但学校管理和教学过程中仍存在师生"失语"、学生青春期身心"失衡"，以及办学内生动力"失落"等瓶颈问题。为破解以上难题，我引领学校提出以对话哲学、主体间性理论、中国传统对话启发式教育为理论依据，以师生生命发展为目标，在教育教学过程中尊重人的主体性，探索出基于现代治理理念的对话教育育人新模式。

首先，课堂是最需要对话的地方，课堂不应该是单调与刻板的重复，也不应该只有一种"表情"。对话是指基于平等主体间的用言语方式进行沟通,努力达成理解与形成共识、产生正向效果的人际交往过程。当前很多教师还是在课堂上滔滔不绝地讲,一言堂、满堂灌、满堂问、你问我答等教师话语霸权现象普遍存在。学生"集体失语"的深层次问题主要在于主体性的缺失,师生只有进行真正平等的交流,才能让学生掌握主动权、提问权、评价权。为此,我和团队带领教师逐步探索出对话教学新范式,即变教师传授知识、学生接受知识的"我讲你听"的教学模式为师生、生生之间"倾听对话,互动共享"的对话教学模式。围绕问题与倾听、合作与分享、创造与生成的核心要素,通过"创设对话情境—促进深度理解—共享思维成果"的基本流程,使课堂教学呈现出不同的面貌。

其次,在学校管理中长期存在的管理者与被管理者之间的"命令—服从"关系不利于教师主动性的发挥。家校之间、亲子之间的问题也是因为缺乏真正的对话而变得紧张、对立,甚至撕裂。因此,在教育教学过程中倡导平等对话理念,鼓励教师要倾听学生,引导学生与自然(知识)、与社会(他人)、与自我(心灵)对话,不断重新建构对世界新的认知;在学校管理中推进对话治理,不断创生对话文化,为多元主体间多维度、多层次的对话创设平台、畅通渠道、建立机制,提升师生对话素养,努力把学生培养成自我发展的承担者、善于对话沟通的合作者、具有反思精神的创造者。

最后,尝试将对话教育作为践行用父母心办教育理念的具体路径,通过教育主体之间彼此敞开、接纳、回应、碰撞、沟通、交流、互动、分享等活动,使教学资源不断积聚,教育动力不断激发出来,学校的育人价值不断提升,有力保障每一个学生的生命安全,实现师生的生命质量与学业质量等量齐观、高质量发展,回应万千家庭对优质教育的热切期待。

用父母心办教育,指向教师教育的时代要求

教育家精神,不仅是教育强国的基础,也是新时代教师专业发展的指南,为每一位教师照亮前行的道路。强国必先强教,强教必先强师,从区域教师教育层面出发,以教育家精神为指引培养新时代高水平的教师队伍,是实现用父母心办好人民满意的教育的主要任务。

终身学习,不断强化专业发展内驱力

迈克尔·富兰认为,教师的专业学习是学校教育改革获得实质性突破的核心要素之一,教师的持续学习是促进学校教学变革的基本保障。我从校长到院长,从教师到教师教育者,无论角色如何转换,始终牢记自己是一名人民教师,坚持"向书本学、向实践学、向教育家学",并将"学以致用,知行合一""做一个终身学习者"作为自己的专业指引,不断拓

展自身学科专业的长度。从教三十余年，我将学习者、实践者、研究者的三种特质自然融合在一起，在专业发展上不断跃上新台阶。针对办学育人中面临的瓶颈难题，将理论与实践相结合，摸索并构建了自己的教育理念和学校管理理念，并将其应用到学校管理和教学实践中，不断优化和提升自己的思维方式和管理水平。

打破边界，建构区域教育"研究立交桥"

我转任浦东教育发展研究院院长，自身的教育使命发生了转变，但用父母心办教育的宗旨始终没有改变。在时代新局中，浦东教育的发展目标由教育大区向教育强区逐步迈进，对全区教师的专业发展提出了更高的要求。作为区域教育发展的专业支撑力量，浦东教育发展研究院教师肩负的责任重大。面对浦东新区教研体系尚不够健全、专业支撑还不够有力的现实问题，我带领研究团队聚焦"双新""双减"重大教育政策的转化落地，从"大教研"的视角出发，着力构建全域覆盖、层次丰富、互为融通、便捷有序、智慧开放、动力强劲的"教—科—研—训—评"一体化新型区域教育"研究立交桥"，以教研转型变革服务课程教学改革。

通过建立新五级教研机制，推动区域—学段—学区、集团—学校—教研组的纵向衔接和横向联通，组建以专职教研员为主，发挥特级教师、正高级教师、学科带头人的核心作用的立体式团队，利用信息技术开展智能化研训、精准监测和个性化服务，助力课程和教学改革，推动区域教育治理的创新，破解浦东教育因规模庞大带来的教研难题。打通教育发展的多重壁垒，进一步整合专业资源，推动浦东教育发展研究院各部门的协同合作，并积极与高校、科研机构等开展合作，打造开放型教育智库，促进信息资源在教育决策者、研究者、实践者之间的流动。同时，积极推动浦东教育的数字化转型，深化浦东教育数字化转型"1134"体系，分层推进国家级信息化教学实验区项目。通过打造"浦东杏坛"等教育品牌，为教育大区向教育强区迈进，努力提供强有力的专业支撑。

立根铸魂，建设区域教师教育新生态

在人工智能迅猛发展、全球竞争不确定性增强、教育问题异常复杂的现实背景下，教育的高质量发展成为迫切的现实要求，而用父母心办教育就是要建设高水平的教师队伍，营造良好的教育生态。经过实践探索，我们逐步明确了浦东教育发展研究院致力于成为"浦东新区教育质量提高的重要专业支撑、浦东新区教师价值实现的重要专业支持、浦东新区学生身心健康发展的重要专业供给"。

面对浦东新区教育体量大、校际差异大、优质均衡达标难、教师专业水平差异大等挑战,我深知教师专业发展的重要性。为此,我们团队紧紧围绕《浦东新区教师教育三年行动计划》,聚焦当前基础教育改革重难点,聚焦教师教育教学关键能力,通过铸魂、生根、强基、优师四大行动计划,全面提升教师专业素养,加强教师培训整体规划与资源建设,健全教师学习支持体系,扩大专业服务供给,完成浦东教育人才"十(名家)百(基地主持人)千(学科带头人)万(骨干教师)"的培养目标,努力建设具有引领区特质的新时代"四有"好老师队伍。

为人师者,唯有胸怀家国,成全生命,才可能称其为大;也唯有躬耕不辍,为国育人,才有可能成其为家。真正的教育家能够将个人命运与国家、民族的未来紧密相连,始终关注教育中的根本问题以及国家对人才的需求。在如何培养更多教育家型教师的问题上,我始终认为:我们不仅要用教育家的标准要求自己,更要忘记"成为教育家"这一目标,而专注于教育的本质和使命。真正的教育家不应过分追求头衔和声望,要始终保持对教育事业的无限热忱。只有真正用父母心办教育,才能在教育改革中勇于创新,不断探索教育规律,实现自我完善,并影响他人。

(责任编辑:茶文琼)

著作权使用声明

本集刊已许可中国知网、超星、万方、国家哲学社会科学学术期刊数据库以数字化方式复制、汇编、发行、信息网络传播本集刊全文。本集刊支付的稿酬已包含中国知网等数据库著作权使用费，所有署名作者向本集刊提交文章发表之行为视为同意上述声明。如有异议，请在投稿时说明，本集刊将按作者说明处理。

图书在版编目（CIP）数据

上海教师 / 上海市教师教育学院编. — 上海：上海教育出版社，2024.11. — ISBN 978-7-5720-3154-0

Ⅰ.K825.46；G4-53

中国国家版本馆CIP数据核字第20247SK647号

责任编辑　汪海清
封面设计　陆　弦

上海教师
上海市教师教育学院　编

出版发行	上海教育出版社有限公司	
官　　网	www.seph.com.cn	
地　　址	上海市闵行区号景路159弄C座	
邮　　编	201101	
印　　刷	上海中华印刷有限公司	
开　　本	787×1092　1/16　印张 10.75	
字　　数	190 千字	
版　　次	2024年12月第1版	
印　　次	2025年4月第2次印刷	
书　　号	ISBN 978-7-5720-3154-0/G·2791	
定　　价	50.00 元	

如发现质量问题，读者可向本社调换　电话：021-64373213